明确目标　找准方向

SMART 目标管理法

友荣方略　著

人民邮电出版社
北京

图书在版编目（CIP）数据

SMART目标管理法：明确目标 找准方向 / 友荣方略著. -- 北京：人民邮电出版社，2022.10
ISBN 978-7-115-59439-6

Ⅰ. ①S… Ⅱ. ①友… Ⅲ. ①企业管理－目标管理
Ⅳ. ①F272.71

中国版本图书馆CIP数据核字(2022)第103571号

内 容 提 要

本书总结了SMART目标管理法的实施逻辑，拆解了SMART目标管理法的实施步骤，并对其深入挖掘扩展，借助各类案例，介绍了SMART目标管理法在日常工作、生活和学习中的应用，帮助读者学会应用SMART目标管理法。

本书共6章，分别介绍了SMART目标管理法的基本应用法则；如何判断和围绕价值设定目标；设定目标的实施方法；将大目标分解成小目标的方法；如何采取行动保证目标落地；如何通过总结改善不断达成更高的目标。

本书适合想帮助孩子养成目标意识的家长、想取得好成绩的各年级学生、期待带领团队实现目标的管理者、期望实现个人目标的职场人、希望事业有成的创业者等大众读者阅读。

◆ 著　　　　友荣方略
　　责任编辑　徐竞然
　　责任印制　周昇亮
◆ 人民邮电出版社出版发行　　北京市丰台区成寿寺路 11 号
　　邮编　100164　电子邮件　315@ptpress.com.cn
　　网址　https://www.ptpress.com.cn
　　涿州市般润文化传播有限公司印刷
◆ 开本：880×1230　1/32
　　印张：6.25　　　　　　　2022 年 10 月第 1 版
　　字数：129 千字　　　　　2025 年 10 月河北第 12 次印刷

定价：59.80 元

读者服务热线：**(010)81055296**　印装质量热线：**(010)81055316**
反盗版热线：**(010)81055315**

前言

我们在工作和生活中总能遇到没有目标、做事低效的人。

有个人以前在企业做到了 HR 高管职位，后来看没太大发展空间，就创业了。他一开始开了几家实体店，生意做得不温不火，觉得开店赚钱辛苦，听别人说利用互联网赚钱比较容易，于是打算通过组建社群赚钱。

这个人爱交朋友，他想起当初认识了不少同样做 HR 高管的朋友，就建了个微信群，美其名曰社群，并规定了社群规则。其中有条规则是只有人力资源总监及以上级别人员才能加入。笔者在职时无意中加入了这个社群，和群里的人都不熟。

有一天，这个人听说笔者开始创业，突然给笔者打来电话，说他们这个社交圈里的人都是有影响力的人，大家可以建立联系，共谋大事。之后，他每隔一两天就给笔者打一次电话，说的都是车轱辘话。

当他最后一次给笔者打电话时，笔者直接问："你给我打电话说你们社群很厉害，我已经知道了。可你到底希望我干什么？能不能说得具体一点？"

他听完有些蒙了，顿了几秒，说："也没什么，就是想让你邀请身边认识的朋友进群。"

笔者听到这里有些恼火了，如果他的诉求就是这个，一句话的事，直接说不就好了？为什么还要打那么多电话说些云里雾里的话呢？

笔者猜测也许他联系笔者的诉求并不是这个，只是他没想好具体目标，想和笔者多聊聊，看能聊出什么来，被笔者这么开门见山地一问，脱口而出了这句话。

商务沟通中有个奇特的现象，有的人谈正事前总要先见几次面、聊几次天，来来回回说些无关紧要的事，正事反倒避而不谈，美其名曰"先交朋友，再谈生意"或"考察一下这个人"。而笔者是个目标感很强的人，不喜欢把时间浪费在漫无目的的谈话中。

一定有读者好奇，这人组建的这个社群到底能干什么？他的商业模式是什么？

这事儿笔者也很好奇。据他说，这个社群能实现资源互换，能共创，能互相帮助。但笔者和他通电话时问过他："有这方面的成功案例吗？"

他说："还没有，但只要大家建立起关系，总会有的。"

笔者问："资源互换和共创的具体内容是什么？能不能描述

得更具体一些？"

他又说不出。

在没想好商业模式、没有成功案例支撑的情况下，拿一个想法去跟别人谈事，简直是浪费时间。

他这个社群后来有什么动作？有没有做成什么事呢？

笔者看到有人在社群中分享自己的课程，但没几个人听；有人用这个社群发自媒体文章，也没几个人看；还有人在社群中做招聘，也没几个人回应。

拿破仑·希尔（Napoleon Hill）说："任何人只要能定下一个目标，并坚守这个目标，时时刻刻把这个目标记在心中，那么，必然会获得意想不到的结果。"

有效设定目标，实现目标，可以采用 SMART 目标管理法。

SMART 目标管理法最早是由管理大师彼得·德鲁克（Peter F. Drucker）在 1954 年提出的。德鲁克被称为现代管理学之父，他在目标管理（Management By Objectives）方面的方法论深深地影响着当代企业的经营发展。可以说，任何一个设定目标和达成目标的过程都蕴含着德鲁克 SMART 目标管理法的影子。

2002 年 6 月 22 日，美国总统乔治·布什（George Walker Bush）宣布彼得·德鲁克为当年的"总统自由勋章"获得者，这是美国公民所能获得的最高荣誉。

德鲁克指出人们不能只低头走路，不懂抬头看路。人们不应该因为要工作、要学习、要生活才有目标，而应该是因为有目标，才能更好地工作、学习和生活。

很多人对 SMART 原则并不陌生，不过虽然知道 SMART 原则的含义，运用时却经常出问题。知道不等于做到。例如张三给自己设计的目标是这样的：每天做一件实事；每周做一件好事；每月做一件新事；每年做一件大事。

张三的目标算是有效的目标吗？显然不是。张三的这几个目标里有时间的概念、有数量的概念，可不够具体，没办法衡量。

实、好、新、大都是形容词。什么是实事？什么是好事？什么是新事？什么是大事？并没有明确的定义。既然没有明确的定义，就没有办法准确衡量。既然不能准确衡量，就不能判断目标究竟是否完成。

实际上，SMART 目标管理法强调的不仅是在设定目标的环节要遵循 SMART 原则，还包括在设定目标的初衷，以及分解目标、执行目标、总结改善等环节需要遵循正确的方法，采取正确的行动。

如何用好 SMART 目标管理法呢？

本书通过解析 SMART 目标管理法的原理，总结和延展了 SMART 目标管理法的实施方法，拆解和细化了 SMART 目标管理法的实施步骤，借助各类案例，介绍了 SMART 目标管理法在日常工作、生活和学习中的应用。

本书作者团队中有多位世界 500 强等知名公司高管，有著作等身的管理类畅销书作家，也有牛津大学、伦敦大学和清华大学毕业的"学霸"，还有秉持终身学习理念的创业者，这本书是团队成员共同的智慧成果。

祝读者朋友们能够学以致用，更好地学习和工作。

本书若有不足之处，欢迎读者朋友们批评指正。

⊙ 本书读者对象

期待带领团队实现目标的管理者

期望实现个人目标的职场人

希望事业有成的创业者

想要有所成就的自由职业者

经营管理类专业的教师

想帮助孩子养成目标意识的家长

想取得好成绩的各年级学生

筹备考取各类证书或资格考试者

目 | 录

第 3 章　设定目标：成就卓越的第一步

第 4 章　分解目标：先实现小目标，再实现大目标

5 第5章　**执行目标：让目标落地的最快途径**

6 第6章　**总结改善：不断达成更高的目标**

1

SMART：
实现目标的基本法则

目标是为了承载和达成某个结果而存在的。目标不能随意设定，设定目标时，需要遵循 SMART 原则，即具体的（Specific）、可以衡量的（Measurable）、可以达到的（Attainable）、具备相关性的（Relevant）、有明确截止期限的（Time-bound）。

管理学大师史蒂芬·柯维（Stephen Richards Covey）说："许多人埋头苦干却不知所为何来，辛苦到头发现追求成功的阶梯搭错了墙，却为时已晚。因此我们必须掌握真正的目标，凝聚继续向前的力量。"

1.1 Specific：喊口号没用，能落地才行

SMART 目标管理法有五大原则，第一个原则是 Specific（具体的），指的是目标要是具体的、特定的、清晰的、明确的，不能是模糊的、笼统的、没有边界的。

要达到 Specific 的要求，需要能够用明确的语言清楚地表达出目标的含义。明确的目标才能给我们动力，模棱两可的目标很可能变成一句口号，起不到用目标促进成长的效果。

著名政治家弗拉基米尔·伊里奇·列宁（Vladimir Ilyich Ulyanov, Lenin）说："没有抽象的真理，真理总是具体的。"

Specific 有 3 层含义。

1. 确定的表达

符合 Specific 原则的目标应当有确定的表达，不能模棱两可。

例如，有的家长让孩子把"努力学习"作为目标，但什么叫"努力"？学到什么程度算"努力"？具体要在哪些方向上"努力"？显然，这是个模糊的目标，而不是一个明确的目标。

与之不同的是，有一次笔者的父亲对笔者说："期末语文考试，你要是能考全班第一，我就给你买乒乓球拍。"

笔者之前在学习上一直没有明确的目标，那天后，笔者的学

习目标一下子确定了："我要考全班第一！"后来，笔者制定的学习目标越来越明确。

例如，完成当天全部作业后，就出门打30分钟乒乓球，熟练背诵10篇古诗词后，就奖励自己玩30分钟游戏。

2. 清晰的行动

符合Specific原则的目标应当导向清晰的行动，不能不知道该做什么。

例如，张三给自己制定的目标是"做好客户服务"。这显然不是一个有效的目标。

具体什么叫"做好客户服务"呢？同样，什么叫"好"？是要将客户的投诉次数或投诉比例降低多少，还是要在客户服务时加入某种话术或流程呢？

要达成这个目标，具体应该做什么样的行动呢？这显然是不清晰的。

假如要减少客诉次数，从产品设计、供应链管理、产品质量管控、售后服务等各环节都要采取措施；假如要在客户服务时加入某种话术或流程，则主要可以从售后服务的工作内容环节入手。二者导向不同的行动。

另外，这种不清晰的目标，由于没办法衡量，最后也难以判断目标是否最终达成。

3. 明确的边界

符合Specific原则的目标应当有明确的边界，不能表达模糊的含义。

例如，某企业把年终目标定为销售收入。从表面看，这个目标似乎是明确的，但从实际来看，"销售收入"这4个字并没有表达清楚边界。

销售收入的定义有所不同，有含税和不含税之分，也有营业性收入和非营业性收入之分。

销售收入的确认方式也可能存在异议，是严格按照财务准则进行销售收入的确认，还是按照销售合同的金额确认销售收入，又或者是按照发货产品的收入？

销售收入的确认期限也要明确边界，年度销售收入，指的是从某年的1月1日00:00之后到该年12月31日24:00之前确认收款的收入，还是有企业特有的财务年度？

如果不明确以上这些疑问，那这个目标就不符合 Specific 的原则。

总之，满足 Specific 原则的目标应当有确定的表达，不能模棱两可；应当导向清晰的行动，不能不知道该做什么；应当有明确的边界，不能表达模糊的含义。

1.2　Measurable：能被衡量才能被评价

SMART 目标管理法的第 2 个原则是 Measurable（可以衡量的），指的是目标应当是可以被细化为以事实为依据的或可以量化的，同时这些验证目标是否达成的数据或信息是可以被获得的。

Measurable 就像是一把尺子，丈量着目标的达成情况。没有这把尺子，目标是否达成或达成情况如何将无从获取。

管理大师彼得·德鲁克（Peter F. Drucker）说："如果不能衡量，就无法被管理。"

Measurable 有 3 层含义。

1. 尽可能客观

很多人对 Measurable 的最初理解都是目标要量化。实际上并非如此，这是对 Measurable 的常见误解，不量化的目标同样能够被衡量。符合 Measurable 原则的目标应当尽可能客观，而非尽可能量化。

例如，张三今天下午 5 点前，要完成对房间窗户玻璃的擦拭任务，让玻璃看上去光洁透亮，没有任何污点。这个目标不量化，但可以被衡量，只需要在下午 5 点时，到张三的房间检查一下窗户玻璃有没有达到"光洁透亮，没有任何污点"的状态就可以了。

相比于追求目标的量化，更应当追求目标的客观性。客观的结果像是标准化的尺子，主观的评判则更像是一把凭人为感觉画刻度的尺子。

当然，这里并不是否认要让目标量化，能客观地量化目标当然是最好的。但如果是主观地量化目标，则量化就显得没有意义。

例如，张三给自己制定的目标是要让上级对自己的满意度达到 90 分。可上级对自己的满意度完全是主观感受，并不能反映张三的真实能力。以这种主观的量化作为目标显然是有问题的。

什么是客观的量化目标呢？

例如，"学好语文"这个目标，就不是一个量化的学习目标。如果以此为目标，那我们每天应该做什么、应该怎么做呢？不知道。

这时候，就不如把"3个月内背完300首唐诗"作为目标。这个目标就是客观的量化目标。3个月后能否背出300首唐诗，就是目标是否达成的衡量依据。

另外，我们制定的学习目标有很多是长期目标，需要几周或几个月来完成。在这个目标实现过程中，我们很容易懈怠。

为了让自己更有动力，我们要能够把长期目标拆解为短期目标，把几周或几个月完成的学习目标拆解成每天需要做什么，或每天的某个具体时间段需要做什么。让短期目标也可以实现量化。

例如，"3个月内背完300首唐诗"的目标，可以每天背诵4首。这样，每天都能看到自己的进步。

2. 以事实为依据

符合 Measurable 原则的目标应当以事实为依据，用事实来衡量。

例如，某企业的总经理助理岗位同时肩负着一些公共关系维护的职责。因为这项职责非常重要，为了能够评价这项职责，总经理希望给该岗位制定这项职责相关的目标。

可这类职责相关的目标很难量化。公共关系维护的职责要求总经理助理定期与相关机构的负责人会谈，定期约见一些关键人物。这些会谈与约见很多时候是没有实质结果，但又必须要做的。如何定义这个目标呢？

要围绕这条职责设定目标，则必须做进一步的关键事件分解和关键流程聚焦，定义出总经理助理岗位每月要做的具体工作，以这些工作是否完成为依据来判断是否达成这项职责相关的目标。

举个学习的例子，例如，张三给自己制定的学习目标是学好数学。这个目标显然是不可以衡量的。什么叫学好数学？是数学考试达到多少分数，还是数学成绩在班级里的排名达到多少？

可以衡量的目标不一定非要是量化的，只要以事实为依据。比如能够完整解出某类数学题目、能够记住所有的数学公式等，只要是基于某个可以被检测或检验的事实，就代表这个目标是可以被衡量的。

3. 能够被获取

符合 Measurable 原则的目标应当能够被获取，能够被获取的才能够被衡量。

例如，张三觉得头晕，去医院检查，发现自己有低血糖症状，原因可能是最近采取了不健康的减肥方式，影响了自己的健康。于是制定目标，增加每天的食物摄入，让血糖恢复正常水平。

可张三没有自测血糖的设备，他判断自己的血糖是否处于正常水平的方式就是感受自己是否头晕。他认为如果自己头晕就是血糖不正常，如果不头晕就是血糖正常。这显然是非常不科学的。如果自己的血糖数据不能够被科学地获取，那"让血糖恢复正常水平"显然就不能成为一个有效的目标。

总之，符合 Measurable 原则的目标，应当尽可能是客观的，最好是量化的，但并不需要一味地追求量化；应当以事实为依据，用事实作为衡量的依据；同时，目标的达成情况应当是能够被有效获取的。

1.3　Attainable：挑战和实现不可能

SMART 目标管理法的第 3 个原则是 Attainable（可以达到的），指的是在人们付出努力后能够被实现的，也可以理解为不要过高或过低地设定目标。

畅销书作家丹尼尔·科伊尔（Daniel Coyle）说："把自己置于杠杆的一边，遭遇的失败越多，你就翘得越高。窍门是设定一个稍稍超过自己现有能力的目标，设定努力的目标靶。盲目受挫毫无帮助，实现目标才能突破原有水平。"

Attainable 有 3 层含义。

1. 有挑战性

Attainable 并非追求简单的目标，最好的目标是在可达成的同时，具备一定的挑战性，是"伸伸手""踮踮脚""跳一跳"就可以达成的。有挑战性的目标有助于激发我们不断进步。

孔子在《论语》中指出："取乎其上，得乎其中；取乎其中，得乎其下；取乎其下，则无所得矣。"

《孙子兵法》中也有类似叙述："求其上，得其中；求其中，得其下；求其下，必败。"

唐太宗《帝范》卷四中指出："取法于上，仅得为中，取法于中，故为其下。"

严羽在《沧浪诗话》中说道："学其上，仅得其中；学其中，斯为下矣。"

这些古人们的智慧说的都是一个道理：

如果立一个上等的目标，可能达到中等的成绩；

如果立一个中等的目标，可能达到下等的成绩；

如果立一个下等的目标，可能什么成绩也达不到。

如果向上等的水平学习，只能达到中等水平；

如果向中等的水平学习，只能达到下等水平。

如果某企业追求的是销售额增长 10%，可以把目标定为销售额增长 12%。

如果某学生追求的是每天做 10 道数学题，可以把目标定为每天做 12 道数学题。

德国作家赫尔曼·黑塞（Hermann Hesse）说："无法达成的目标才是我的目标，迂回曲折的路才是我想走的路，而每次的歇息，总是带来新的向往。"

2. 不能过高

"跳起来摘桃"这样的目标是可以的，但"跳起来摘星星"这样的目标就是有问题的。过高的目标就成了拔苗助长，只会适得其反。如果一个目标不能实现，不仅没法鼓舞我们，还会让我们失去达成目标的信心。

例如，满分 100 分的数学考试，张三平时每次都不超过 60 分，这证明张三对数学基础知识掌握得比较差。然而张三给自己制定的学习目标是，一个月后，数学成绩达到 95 分以上。这虽然不能说是一个完全不可能达成的目标，但相较于张三的基础来说，难度太大。

再如，张三原来的英语成绩较差，基础也不好，为了学好英语，张三把"4 天内背下 1 000 个陌生的英文单词"作为目标。与前面的原理类似，这件事还没有开始，客观上大概率就实现不了，张三很可能开始后不久就没信心去实现了。

制定这样的学习目标，如果在付出很大努力后最终无法达成，可能会打击张三的自信心。所以制定目标时要循序渐进，应当制定自己经过努力后可以达成的目标。

再举个企业发展的例子：某企业所在的行业规模一直比较稳定，近几年发展比较平缓。该企业前 5 年的年均销售收入增长率稳定在 8% 左右，且差异不大。为推动企业快速发展，董事会聘请了一位职业经理人，并期望把企业销售收入增长率目标定在 30%。

如果企业的经营管理没发生较大变化，市场也没发生较大变化，那么这个目标的设定就显得过高，结果可能造成拔苗助长，不利于企业长远健康发展。而且，如果这位职业经理人在努力后还是达不成目标，可能会使其积极性受挫。

3. 盘点全局

设定目标时应当盘点全局，考虑到自身能力和努力的同时，考虑一切可以动用的资源，让自己达成能达到的最高目标。

例如，张三负责某产品的销售工作，当前该产品在全国拥有 10 个代理商，覆盖全国 10 个省市，每年的销售额是 3 000 万元。

张三认为明年改进产品设计，加大营销投入，为 10 个代理商提供营销支持，应该能把销售额做到 3 500 万元。

可假如可以增加代理商的数量，由 10 个代理商增加到 20 个代理商，由原来覆盖全国 10 个省市变为覆盖全国 20 个省市，该产品每年的销售额有没有可能达到 6 000 万元呢？当前产品销售额难以提高的原因，会不会是没有全面覆盖市场呢？

当然，发展代理商需要时间，销售规模不是短期就能达成，但就算销售额达不到 6 000 万元，也应该是比 3 500 万元更高的数字。张三原来制定目标时，只是在自己现有的能力和资源范围内考虑问题，没有考虑到通过增加代理商数量扩大产品的覆盖率。

同样是以增加销售额为目标，如果只是陷在现有的能力和资源里故步自封，则看不到更大的可能性，达不成原本可以达成的更大的目标。

总之，满足 Attainable 原则的目标，既要具备一定的挑战性，有助于促进我们成长，又不能拔苗助长，设置得过高。设定目标时要尝试运用一切可以动用的资源，达成自己可以触及的最大目标。

1.4 Relevant：对应需求，避免无用功

SMART 目标管理法的第 4 个原则是 Relevant（具备相关性的），指的是目标要对实现愿景或使命有所帮助，同时在一个系

统内的多个目标间要具备一定的关联性。

南非前总统纳尔逊·罗利赫拉赫拉·曼德拉（Nelson Rolihlahla Mandela）说："人们只会回应和他们相关的事情"。

Relevant 有 3 层含义。

1. 解决某类需求

目标应当为自身的需求服务，应当导向某种价值或意义。不能满足某种需求、不能实现某种价值、没有特定意义的目标通常是无效的。

例如，某企业人力资源部为实现战略，制定了相应的人力资源规划。为了保证规划实施，人力资源部制定的目标中包含了组织员工读书会的次数和组织员工活动的数量等。

这些目标虽然对员工的成长和员工关系构建有所帮助，但与人力资源部门目标和企业战略目标的关联性并不大，并没有体现人力资源部门发挥职责的价值，没有满足企业的需求，制定这类目标的意义就比较小。

2. 资源能被应用

达成目标的资源应当是能够被切实获取和有效应用的，不能只是个人的想象或愿望。

例如，张三在镇上开了一家小商店，但镇上已经有一家小有规模的超市。张三的商品没有价格优势，平均每月的营业额只能维持在 5 万元左右。抛去所有的成本和费用，每月净利润所剩无几。

张三发现镇上和自家关系比较好的亲戚、朋友、邻居等都很少来自己的商店买东西，都是去那家超市买。张三想，如果我能把这些"亲友团"全都争取到我店里来消费，亲友团再把他们的亲友团介绍到我店里来消费，这样每月的营业额做到10万应该不成问题。

于是张三给自己制定目标，想通过这种方式，在3个月后，把商店每月的含税营业额做到10万元。可问题是，亲友团们为什么要听张三摆布呢？

亲友团们不是不知道张三开了商店，如果亲友团们愿意来张三店里消费，也许早就来了，既然之前没来，一定是有原因的。这个原因没有被发现和解决，仅凭张三的号召，恐怕这个目标难以实现。

亲友团并不是可以被张三切实获取和有效应用的资源，张三不能以自己必然可以撬动这部分资源为假设来制定目标。

3. 行动有所帮助

小的目标要对实现大目标有所帮助，实现目标的相关行动要对实现目标有所帮助，不能出现"跑题"的情况。

例如，张三一个月之后有一场重要的数学考试，但给自己制定的学习目标不是每天用1小时复习50道数学题，而是每天花2小时背50个英语单词。这个目标显然"跑题"了，没有满足一个月后数学考试的需求。

也许这个目标"跑题"过于明显，再看一个跑题不明显的案例。假如张三数学成绩差的原因是数学基础很差，很多概念没有真正掌握。为了提高数学成绩，张三给自己制定了一个目标是"每周看 3 本数学的课外读物"。

可是，看数学的课外读物和提升数学成绩之间有多大的相关性？能帮助张三打牢数学基础知识吗？能帮助张三提高数学成绩吗？显然二者的相关性并不大。

又或者，张三想提升语文写作能力，设定的目标应当与提升语文写作能力有关，可以是每天写一篇日记。但张三设置的目标却是一个月内背 30 篇课文。

背课文和提升语文写作能力虽然不能说毫无联系，但并不直接相关，不实际练习写作，写作能力很难真正提升。这种目标也"跑题"了。

"跑题"的目标会让我们缺少动力，即使实现了，也会因为缺少正面反馈而觉得没收获，反而产生自我怀疑。

所以，设置目标时，一定要考虑好自己最期待实现什么。设定的目标和愿望是否有关系。关系越紧密，学习动力越强，实现后的满足感也越强。

总之，满足 Relevant 原则的目标，应当能够解决某类需求、实现某种价值或具备某种特定意义；实现目标的资源应当是能够被获取或有效应用的；围绕目标的行动应当对实现目标有所帮助。

1.5 Time-bound：和时间做朋友来提高效率

SMART 目标管理法的第 5 个原则是 Time-bound（有明确截止期限的），指的是目标要有时间限制，或目标的实现要有一定期限。

个人成长权威人士博恩·崔西（Brian Tracy）说："为自己的目标设定一个最后期限。如果一个目标没有最后期限，就不会产生紧迫感，从某种意义上说，你的行动就没有真正的起点和终点，自然而然地，你就会拖延时间，工作效率也在不知不觉中降低了。"

Time-bound 有 3 层含义。

1. 花费时间

任何目标都要花费一定的时间，设置目标时，应当明确目标所需时间。如果没有时间概念，则目标多长时间完成都是合理的，将会失去完成目标相关任务的紧迫感，可能产生拖延。

例如，张三想提升数学成绩，给自己制定的学习目标是"练习 50 道数学题"。这个目标虽然与提升数学成绩之间有一定关联性，但需要耗费多长时间来完成，并没有说清楚。这种情况张三很可能会拖延，所以这是一个无效的目标。

2. 最短时间

只有花费时间的概念是不够的，Time-bound 原则还要保证花费的时间为最短时间。也就是说，Time-bound 也具有 Attainable

中"有一定挑战性"的含义。效率是单位时间内的做功，最短时间意味着最高效率。

例如，张三平时做完 50 道数学练习题需要 4 小时左右的时间。为缩短时间、提高效率，在制定目标时，张三可以将目标设置为"用 3.5 小时，做完 50 道数学练习题"。这个目标不仅会给张三带来紧迫感，而且会督促张三不断进步。

3. 截止时间

除了花费时间和最高效率之外，每个目标都要设置实现的期限，都应当有时效性，也就是不仅要说清楚用多长时间完成，还要说清楚从何时开始完成，或在某个时间点之前完成。为目标设置实现的截止时间后，我们会产生紧迫感，会使得完成目标的过程更专注，效率也更高。

例如，张三给自己制定了每天用 1.5 个小时完成作业的目标。但是什么时候开始做作业、什么时候结束，张三并没有在制定目标的时候说清楚。这就可能造成张三回家先做一些与作业无关的事，结果到晚上 10 点该睡觉时，才想起来要做作业，以致做作业的时间占用睡觉时间，影响身体健康。

没有截止时间的目标等于没有目标，张三可以计划每天用 1.5 个小时完成作业，晚上 6:30 开始写作业；或每天用 1.5 个小时完成作业，晚上 8 点之前完成。

遇到暑假或寒假作业，张三可以制定每天完成寒暑假作业的进度目标，同时制定自己在寒暑假结束前 3 天必须完成全部寒暑假作业的目标。

同样，张三给自己设置了用 10 天时间完整背诵《唐诗三百首》的学习目标，却没有设置完成目标的开始时间或结束时间。没有时间限制，于是就一拖再拖，可能直到毕业也没有完成这个目标。

这一点在工作中同样需要注意，例如，从事销售岗位的张三为了承接部门年度销售任务目标，给自己岗位制定的目标是要发展 30 名新客户。

可是，新发展的客户并不能实现马上成交。如果实现年终目标要求实际发生交易，并达到某个数量销售额的话，那么发展 30 名新客户的目标应该在某个时间节点之前完成。否则，很可能无法完成部门年度销售任务目标。

总之，满足 Time-bound 原则的目标，应当有花费的具体时间，增加达成目标的紧迫感；要以最高效率为导向，用最短的时间达成最高的目标；要有截止时间的概念，有明确的开始时间或结束时间。

为简化说明原理，避免啰唆，本书接下来一些案例中对目标的描述会视情况省略时间要素。

1.6 五环模型：SMART 目标管理法该怎么用

SMART 目标管理法的实施逻辑和步骤如图 1-1 所示。

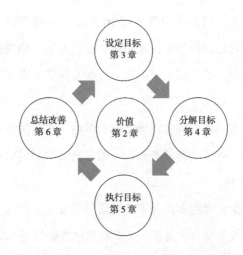

图 1–1　SMART 目标管理法的实施逻辑和步骤

1. 价值

SMART 目标管理法虽然看起来关键词是目标，但隐含着"为什么而实施"这个前提。实施 SMART 目标管理法首先应当围绕某个价值。这里的价值不可一概而论。在每个人心中，不同的事物拥有不同的价值。所以这里的价值，既可以是商业社会普世客观的价格，也可以是每个人心中独有的价值。

2. 设定目标

设定目标是 SMART 目标管理法实施逻辑的关键环节，是明确价值之后的第 1 步。目标是 SMART 目标管理法的灵魂。我们不仅要保证自己有目标，还要保证自己在对的时间拥有对的目标。目标有大有小，有长期有短期，除了遵循 SMART 目标管理法的基本原则外，还应考虑诸多因素。

3. 分解目标

宏观的、远期的目标往往难以实现，要将大目标分解成小目标，将小目标分解成一个一个的具体行动，让实现目标的行动清晰明确，便于执行，才有可能保证目标落地。分解目标的过程也是明确思路和厘清头绪的过程。通过分解目标，能够让原本看起来难以实现的目标得以实现。

4. 执行目标

执行目标是为了避免"三分钟热血"，保障目标落地实施的关键步骤。目标是方向，要达成这个方向，免不了要有努力的过程。如果设定目标后，自己不重视目标，不围绕目标开展行动，目标将会形同虚设，偏离最初的计划。

5. 总结改善

为了更好地达成目标，也为了达成更高的目标，需要对目标的实施情况进行总结复盘。通过总结与评价，为下一步分析改进提供准备和依据。不论目标是否达成，都涉及目标的改进。当目标达成时，可以总结评估目标达成的原因，判断是否存在进一步提升的空间；当目标未达成时，可以做详细的分析，评估目标改进的方法，寻求达成目标。

通过实施 SMART 目标管理法，不断地从设定目标到评价改进，有助于我们的效能不断提升，不断发展进步。随着之前的目标不断被达成，我们的目标也能够不断提升，持续达成更高的目标，如图 1-2 所示。

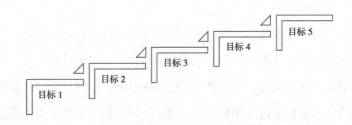

图 1–2　实施 SMART 目标管理法不断达成更高目标的过程

当较低水平的目标达成时，经过复盘 SMART 目标管理法的实施流程，可以尝试追求较高水平的目标。当较高水平的目标达成时，经过继续复盘 SMART 目标管理法的实施流程，可以达成更高水平的目标。

随着不断达成新的目标，持续运用 SMART 目标管理法，长期坚持这种模式，我们可以不断达成更高的目标，不断向新的目标发起挑战，为自己创造更大的价值。

SMART 目标管理原则检验表

SMART 目标管理法的基本原则分别是具体的（Specific）、可以衡量的（Measurable）、可以达到的（Attainable）、具备相关性的（Relevant）、有明确截止期限的（Time-bound）。

根据前文对 SMART 目标管理法基本原则的拆解，SMART 含义的结构如图 1-3 所示。

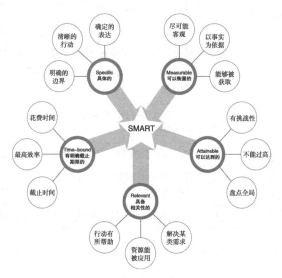

图 1-3　SMART 含义结构图

根据目标含义的整体结构，设计目标后，检验目标是否符合 SMART 目标管理法的基本原则，可以运用 SMART 原则检验表，如表 1-1 所示。

表 1-1　SMART 原则检验表

原则	序号	对应问题	判断
具体的 （Specific）	1	目标是否有确定的表达？	□是　□否
	2	目标是否导向清晰的行动？	□是　□否
	3	目标是否表达出了明确的边界？	□是　□否
可以衡量的 （Measurable）	4	目标是否是客观的？	□是　□否
	5	目标是否以事实为依据？	□是　□否
	6	目标能否被有效获取？	□是　□否
可以达到的 （Attainable）	7	目标是否具有挑战性？	□是　□否
	8	目标是否现实，有可能达成？	□是　□否
	9	目标是否考虑了当下所有情况？	□是　□否
具备相关性的 （Relevant）	10	目标是否有足够的价值或意义？	□是　□否
	11	达成目标需要的资源是否能够被获取或应用？	□是　□否
	12	目标相关的行动是否对达成目标有所帮助？	□是　□否
有明确截止期限的 （Time-bounce）	13	目标的时间限制是否足够明确？	□是　□否
	14	目标所用时间是否为当前能达到的最短时间？	□是　□否
	15	完成目标是否有明确的截止时间？	□是　□否

当有了某一目标时，可以用 SMART 原则检验表来检验目标是否符合 SMART 原则。当 SMART 原则检验表中的所有项都为

"是"时，代表这个目标完全符合 SMART 原则，是一个合格的目标。假如 SMART 原则检验表中的某一项为"否"，则应当重新审视该目标，重新定义目标。

2

第 2 章

价值：
明确自己为了什么设定目标

很多人不是不勤奋，而是勤奋的方向错了。很多人不是为了自己的价值在勤奋，于是每天在做低水平勤奋。实现某个目标的最终目的是满足自己的某个价值。设定目标前，首先要明确自己为什么设定目标，要明确这个目标究竟实现了自己哪方面的价值。

诺贝尔奖获得者、著名物理学家理查德·菲利普斯·费曼（Richard Phillips Feynman）说："我想知道这是为什么？我想知道为什么我想知道这是为什么？我想知道究竟为什么我非要知道我为什么想知道这是为什么？"

2.1 成为优先：Be-Do-Have 行为逻辑

有一次聚会时，笔者的一位朋友问在座的人："如果你们去山上砍树，山上一共有两棵树，一棵是粗的，另一棵是细的，只能砍其中一棵，你们会选哪一棵？"

问题一出，大家有些不解，有人说："当然是砍那棵粗的树了！"

笔者这位朋友笑了笑，说："如果那棵粗的是一棵普通的杨树，不值钱；而那棵细的却是红松，你们会砍哪一棵呢？"

大家想了想，红松比较珍贵，说："那就砍红松吧，因为杨树又不值钱！"

他带着不变的微笑看着大家，问："那如果那棵杨树是笔直的，而那棵红松却七歪八扭不成样子，这时候你们会砍哪一棵？"

大家越来越疑惑，有人说："如果这样的话，还是砍杨树吧。红松弯弯曲曲的，什么都做不了呀！"有人说："还是应该砍红松，即便红松再弯曲，价值还在，还是可以做成一些小工艺品。"

他目光闪烁着，大家已经猜想到他又要加条件了，果然，他说："如果，杨树虽然笔直，可因为年份太久，中间已经空了。这时，你们会砍哪一棵？"

虽然搞不懂他葫芦里卖的什么药，大家还是从他所给的条件出发，说："那看来还是要砍红松了，杨树中间都空了，没有用！"

他紧接着问："可是红松虽然不是中空的，但它因为扭曲得太厉害，砍起来非常困难，你们会砍哪一棵？"

终于，有人忍不住了，问："你葫芦里到底卖的什么药？你要加什么条件能不能一次加完？"

他收起笑容，说："你们怎么就没有一个人问我，到底砍树是为了什么呢？虽然我的条件不断变化，可是最终结果都取决于最初的动机啊。如果想要取柴生火，就砍杨树；如果想做工艺品，就砍红松。你们当然不会无缘无故提着斧头上山砍树了！"

知道"怎么做"，是第2步，知道"为什么"，才是第1步。为什么，是人类行为的核心。这个思维也可以用西蒙·斯涅克（Simon Sinek）提出的"黄金圈法则"来解释，如图2-1所示。

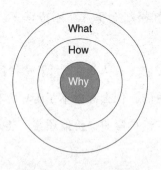

图2-1 黄金圈法则

大部分人的思考方式、行动方式、交流方式都是由外向内的，即 What-How-Why 这样的过程。而许多成功人士的思考、行动和交流方式是从内向外的，即 Why-How-What。

例如，很多计算机公司说服别人购买自己产品的时候是这样说的："我们生产的计算机性能卓越，使用便利。快来买一台吧！"而苹果公司传递信息的顺序恰恰相反："我们永远追求打破现状和思维定式，永远寻找全新的角度。方式是我们会设计出性能卓越、使用便利的产品。计算机是我们产品的一种，想要买一台吗？"

著名哲学家弗里德里希·威廉·尼采（Friedrich Wilhelm Nietzsche）说："当人们知道自己为什么而活，便可以忍受任何一种生活。"

成功者的思维方式是 Be-Do-Have。

1. 先想自己要成为谁，成为什么样的人，为什么要成为那样的人。

2. 再想自己要做什么，要做的事情对成为谁是否有帮助。

3. 最后想自己有什么样的资源，或者需要什么资源让自己成为那样的人。

而失败者的思维方式则是 Do-Have-Be 或 Have-Do-Be。也就是先想自己想做什么，或先想自己有什么，最后才想自己想成为谁。

设定目标，需要搞清楚几个核心问题：

1. 自己想要成为什么样的"身份"？这里的"身份"需要按照重要性排序。

2.谁会对自己成为这些身份有帮助？他们需要为我做什么？

3.这些"干系人"需要我为他们做什么？他们为什么需要我？

例如：

1.张三大学刚毕业找了份营销工作，工作一段时间后发现自己并不适合这份工作。通过接触社会，张三了解了不少职业的特点。经过思索，张三希望从事人力资源管理工作，未来能够成为一家公司的人力资源总监，独当一面。

2.然而，张三的专业不对口，现在也没接触过人力资源管理工作，要怎么做呢？张三想到自己有位朋友就是做人力资源总监的，而且做得很专业。如果这位朋友愿意给自己一些指点，很可能对自己有帮助。

3.可朋友平时也很忙，为什么要帮自己呢？张三忽然想到朋友公司最近在招聘营销人才，自己虽然不想继续做营销，但在这个行业里待久了，认识不少优秀的营销人才，可以向朋友推荐。除此之外，在一些工作上，自己还可以帮朋友"打下手"，既可以让自己接触人力资源工作，又可以减轻朋友的工作压力。

朋友见张三态度诚恳，传授了张三不少做人力资源管理工作的心得。在张三入门后，朋友把张三推荐给了一家大公司，张三也如愿做起了人力资源管理工作。

学习也是同样道理，例如：

1.张三是一名高中学生，很希望成为"学霸"，未来成为一名科学家。张三兴趣广泛，围棋、篮球、画画都很精通，也可以向这些方向发展。但相比之下，张三更希望考入理想中的大学，未来成为一名科学家。

2. 然而，张三现在的学习成绩只是中等水平，谁能对张三成为科学家的身份有所帮助呢？张三发现和自己关系不错的班长是个学霸，如果班长愿意辅导自己课业学习，愿意教自己一些学习方法，自己的学习成绩应该可以提高。

3. 可是班长自己的课业学习也要耗费不少时间，有空闲时间也许还需要休息，人家为什么要帮自己呢？张三想到班长很喜欢下围棋，但围棋水平比不过自己，还总向自己请教围棋技巧。如果自己教班长下围棋，班长教自己课业学习，不就可以两全其美了？

于是张三大胆向班长提出了这个想法，班长欣然接受。

设定目标前，正确的做法是首先思考自己想成为谁，然后思考自己应该做什么，最后思考自己有什么。

2.2 澄清期待：自己究竟最想要什么

每个人都有属于自己的独特期待，这种期待，对应着每个人期望获得的价值。

从职业的角度，有的人期待成为律师；有的人期待成为医生；有的人期待成为警察；有的人期待成为教师。

从事业的角度，有的人期待创业；有的人期待在职场上一路晋升；有的人则期待有一份稳定的工作，安稳生活。

从兴趣的角度，有的人喜欢音乐，期待成为音乐家；有的人喜欢体育，期待成为运动员；有的人喜欢画画，期待成为画家。

价值是一件很主观的事，对张三有价值的事，对李四未必有价值；张三想追求的价值，李四未必想追求。这种价值对应到每个人的观念当中，就成了价值观。

如何找准并实现自己的价值呢？可以通过以下 6 个问题来澄清期待和找准价值。

1. 可以具体描述你对自己 1 年后 /3 年后 /5 年后 /10 年后的期待吗？

2. 这些期待对于你来说为什么这么重要？继续问为什么，直到找到根源。

3. 你做到 / 得到 / 看到什么，就可以代表你的期待实现了？继续追问，直到确认找到一个明确的状态。

4. 为了实现这些期待，你要做哪些事情呢？继续追问，并确认这些事情是具体的、明确的、可落地执行的。

5. 每件事大约要做到什么样的标准？继续追问，并确认这些标准是可以被评判的。

6. 你觉得完成这些事需要有哪些资源支撑？继续追问，确认这些资源是足够的，是能够被获取的，是自己能获得的最大资源。

例如：

1. 张三刚开始从事人力资源管理工作，期待在 1 年后成为人力资源助理（HRA, Human Resource Assistant），3 年后成为人力资源业务伙伴（HRBP, Human Resource Business Partner），5 年

后成为人力资源经理（HRM，Human Resource Manager），10 年后成为分管人力资源总监（HRD，Human Resource Director）。

2. 这些期待对张三来说为什么重要呢？因为张三喜欢人力资源管理工作，而且张三是一个追求上进的人。张三为什么喜欢人力资源管理工作呢？因为人力资源管理工作中有大量的沟通，也有大量需要灵活决策的环节。张三喜欢与人沟通，也喜欢应对这类有挑战的工作。张三为什么追求上进呢？因为职位高能给张三带来成就感和满足感。

3. 张三做到什么后，代表这些期待实现了呢？张三的期待比较明确，就是在 1 年后 /3 年后 /5 年后 /10 年后达到相应的职位，所以当张三晋升到相应职位时，就代表自己的期待得以实现。

4. 很多人觉得，职场上的晋升发展难以预测规划，于是随波逐流、被动等待，最终没能获得心仪的职位。实际上做成任何事都有方法，晋升发展也是如此，只要掌握正确的方法，持续做正确的事，晋升发展大概率可以实现。

当职位足够时，职场晋升主要与态度、知识、能力、经验、绩效和团队协作等 6 个方面相关。为实现自己的期待，张三至少需要在这 6 个层面做好。

5. 张三在态度、知识、能力、经验、绩效和团队协作方面需要做到什么程度呢？

（1）态度层面：每天保持积极的工作态度，不斤斤计较。

（2）知识层面：每天学习 30 分钟实战人力资源管理相关知识。

（3）能力层面：将学到的人力资源管理知识在实战中运用，锻炼自己的工作能力。

（4）经验层面：总结自己成功和失败的相关经验，不断修正工作方法。

（5）绩效层面：在工作中做出成绩，帮助部门达成目标，完成上级的期待。

（6）团队层面：团结同事，不仅自身能把工作做好，而且能和团队一起把工作做好。必要时，还能带领团队把工作做好。

6.在知识层面和能力层面的提升方面，张三需要学习和应用人力资源管理实战知识，并将其应用到实战工作中。

在经验层面和绩效层面的提升方面，张三可以向部门负责人或绩效优秀、经验丰富的人力资源从业者请教学习。

澄清期待，找准价值，明确自己最想要什么，也有助于人们实现自己的目标。

2.3　价值思维：职业和事业发展的必备

虽然每个人的价值观不同，但在商业领域，却有着公认的、普世的价值。这个价值对于追求职业或事业发展的人来说尤其重要。下文探讨的价值，主要是这种价值。

商业世界的发展需要符合商业世界所要求的价值思维。这是一种什么思维呢？我们来看一个案例。近些年，关于要留在大城市发展还是去小城市发展被广泛讨论。笔者的一位朋友张三，曾经就问过笔者一个类似的问题。

张三是本科学历，在北京读的大学（非985/211），学的是机械工程专业。毕业后，他在北京尝试找了几份工作，但做下来都不太理想。后来，他回到老家，在一家民营企业找了份工作，岗位是培训专员。

他戏称自己在四线城市从事着五线岗位。什么是五线岗位呢？他说企业的董事长、总经理算一线岗位；副总经理算二线岗位；总监算三线岗位，经理和主管算四线岗位，最普通的专员就是五线岗位。

他和笔者说起时，已在那家企业工作近四年。他和以前留在北京的那些同学、朋友还有联系，发现那些人的职业发展已经开始慢慢有起色，有人已经成了管理层，那些没成管理层的，发展也都不错，但自己发展却不尽如人意，可能再工作个三五年也成不了管理层。

他觉得这个企业虽然是当地最大的企业，但除了销售业务岗位外，别的岗位提供的晋升机会很少。他觉得比较郁闷，不知道该怎么办才好。而且他觉得自己在四线城市，会被朋友鄙视，想去一线城市打拼。

他还有个想法，就是不想去了一线城市还从小职员做起，毕竟自己已经有了几年工作经验。

张三的问题其实有两个，一是他对自己的城市不满意；二是他对自己的工作不满意，觉得做了快4年了也没起色。

笔者和张三一起梳理问题。城市影响职业发展的情况确实存在，但城市不应是职业或事业发展第一考虑的因素。

股神沃伦·巴菲特（Warren E. Buffett）住在美国中西部内布拉斯加州的奥马哈市，那个城市是巴菲特的出生地，也是他长期居住的城市。奥马哈市在美国城市中的地位，相当于中国的五线城市。

那巴菲特为什么要选择住在那里呢？他说在奥马哈市不用担心堵车，这大大提高了他的工作效率。在纽约、洛杉矶这些大城市每天堵车动不动就要1个小时。

巴菲特的公司伯克希尔·哈撒韦一年一度著名的股东大会就是在奥马哈市举办的。美国很多名校金融专业毕业的学生，毕业后有机会去参加巴菲特的股东大会时都会感到异常兴奋，但当很多人听到举办地是奥马哈市后，会诧异之前没听过这个城市。

很多人就算不懂股票，也听说过巴菲特的股票投资理念是价值投资。巴菲特的选股能力已经证明了他是一个非常懂得价值判断的人。巴菲特的决策，永远可以回归到价值。住在奥马哈对巴菲特来说，一定是价值最大化的。

其实，所谓的"城市鄙视链"根本不重要，食物链才重要。食物链和人们所处的地理位置没有必然联系，只和人们在食物链中所处的位置有关系。

那些站在"商业世界食物链"顶端的人，需要到一线城市维持自己食物链顶端的状态吗？其实不需要。那些站在"商业世界食物链"底部的人，到一线城市后就自然能成为食物链顶端吗？

不见得。

这就是为什么很多人在小城市没发展、没机会，到大城市后依然没发展、没机会。当然，笔者绝不是说大城市不好、小城市好，而是想说明城市不是我们职业或事业发展第一个要考虑的，在"商业世界食物链"中的位置，才是我们要考虑的第一要素！

哪个城市能让你最快速地积累技能、最有效地上升到"商业世界食物链"中的那个位置，就在哪个城市发展。当技能成熟、上升到某个位置后，再做城市间的平移，会发现发展反而更顺利。

有人说大城市节奏快，锻炼人；小城市节奏慢，养懒人。其实节奏快还是慢、工作时间长还是短，都是因人而异的，同样和城市没有必然联系。优秀的人，到哪里都是优秀的；懒惰的人，到哪里都会为自己的懒惰找借口。所以，张三首先要想的，是如何锻炼技能，在现在的城市追求职位上的突破。

后来，张三决定去销售部门发展，因为他所处的环境要想获得职业上的发展，到销售部门机会更大。他这几年做培训，发现自己懂了不少产品知识，而且他经常和销售人员交流，基本的销售套路也懂了。也就是说，他具备知识基础，就差通过实战不断提升能力了。

他给自己设置的目标是：在销售部门工作 2 年后，要达到销售经理岗位（四线岗位）；工作 5 年后，要达到销售总监岗位（三线岗位）；用 8 年时间，争取做到副总经理岗位（二线岗位）。8 年后，他会根据自己的职业和家庭发展情况，再考虑要不要去一线城市发展。

他要怎么去实现这个目标呢？

要实现这个目标，方法比做培训专员要清晰很多——取得销售业绩。如果他能在2年之内成为整个销售团队中业绩最好的那一个，到时候即使他自己不申请，企业大概率也会给他销售经理这个职位。因为企业也希望知道他是如何做到销售业绩这么好的，希望他能带团队，把他的经验和方法教给别人。

他成了销售经理后，又过了3年的时间，他不仅自己的销售业绩保持得很好，而且他带领团队的销售业绩也成了企业中最好的。这时候即使他自己不申请，企业也会给他销售总监这个职位。

他成为销售总监后，连续3年实现企业销售业绩20%的增长。这时候即使他自己不申请，企业也会给他副总经理这个职位。

按照这个逻辑推演，张三的目标和计划更清晰了。

1. 在2年之内做到销售团队中销售业绩第一。

2. 做到经理级以后，3年内把自己的团队带到企业销售规模第一。

3. 成为总监级以后，让企业的销售业绩连续3年保持20%的速度增长。

只要他做到以上这3点，他的职业规划大概率可以实现。不过，这里显然有个前提，就是需要他做到才行。

此时一定有人有疑问：张三的想法是挺好的，但这个第一、那个第一的，看起来很难啊，能实现吗？难吗？当然难！价值思维不是让人不劳而获，而是让人们看清楚，只有做到别人做不到的价值，才能取得别人难以企及的成绩。难的事情，往往是正确的事。

就像陈奕迅有一首粤语歌《浮夸》，里面有一句歌词是"用十倍苦心做突出一个"。如果愿望比较宏伟，野心比较大，当然要比别人付出更多，做得更好。

当然，实际情况是张三一开始定下这个目标后会非常兴奋，感觉找到了人生方向。几个月后他觉得这个目标确实有点难实现，他要学习和提高的东西比他想象的要多得多，过程中也遇到了不少自己原来没想到的困难，所以后来他把目标完成的时间拉长了。

有了目标，在制定计划和实施计划的过程中，我们会发现很多实际问题，可以根据这些实际情况来调整和实施计划。

2.4 价值创造：职场人获得高薪的秘密

网上有这样一个段子。

有个公司老总问自己的 100 个员工："你们谁能说说公司的问题？"

结果有 80 个人争相举手。

这个老总又问："谁能给我说说这些问题背后的原因是什么？"

结果剩了不到一半的人举手。

这个老总接着问："谁能给我设计一下这些问题的解决方案？"

结果举手的人只剩下 20 个人。

最后这个老总说："谁愿意站出来牵头解决这些问题？"

最后举手的只剩下一个人。

虽然是个段子，却说出了到底是什么在真正创造价值。

唐骏有次演讲说："多想，多做，才可以避免怀才不遇！企业有很多人很聪明，一眼就能看到公司的问题，但有的人只会抱怨；有的人却能够解决问题、创造价值。"

每个人都有"市值"，每个人的市值是由自己的价值决定的。如何判断自己的市值呢？

以职场人来说，如果把公司因为有我们的存在而创造的价值拿出 10% 作为我们的市值：

如果我们每年能给公司创造一百万的价值，我们的市值至少年薪十万；

如果我们每年能给公司创造一千万的价值，我们的市值至少年薪百万；

如果我们每年能给公司创造一个亿的价值，我们的市值至少年薪千万。

这就是有的人年纪轻轻可以年薪千万，而有的人在职场摸爬滚打许多年还没到年薪十万的原因。

很多身在三四线城市的人，觉得去一线城市的好处是一线城市的工资高，三四线城市的工资低，实际上三四线城市大部分岗位的工资确实低，但只要具备创造价值的能力，不论在哪个城市，薪酬都不会低。

笔者在三线城市工作时，有幸认识了一位职业导师。这位职业导师每年的年薪是税后 1 000 万元，而他每个月只需要到公司上班 7 天。也就是说，他每年上班 84 天，年薪 1 000 万元，平均每天的薪酬接近 12 万元。

这位职业导师是这家公司的首席战略官，不是首席执行官，没有实际权利，也不是那种能帮公司争取到资源的人，就是类似咨询顾问和总裁教练的合作形式，帮助公司制定战略和实现战略，给公司做顶层设计。他是真正地贴近业务，帮助和引导企业创造价值的。

这件事发生在一个三线城市，所以笔者在前文说，"城市鄙视链"没有意义，食物链才是重要的。如果我们有能力在一个三线城市拿到年薪千万，还需要去一线城市吗？反之，如果我们的能力根本没有达到年薪百万，在三线城市拿不到这个水平，到了一线城市同样拿不到这个水平。

上面提及的那位职业导师每个月只需要出勤 7 天，我们会发现，高薪酬不是来源于每天的熬夜加班，不是用自己的健康来换的，高薪酬只和我们能创造的价值有关。当我们能给公司创造价值的时候，我们的市值就不需要靠时间来换。

这时候一定有朋友觉得，税后年薪 1 000 万，怎么听起来赚钱那么容易、那么潇洒呢？难道就一点条件没有吗？当然有条件，这位导师拿到 1 000 万年薪的条件是必须每年让公司的净利润增长 1 个亿，如果达不到 1 个亿，他分文不收。

他在这家公司工作了 5 年，实际上每年他除了拿到 1 000 万年薪外，公司创始人每年年底还会给他一个 100 多万的大红包。所以不用说我们也能知道，他对公司业绩的贡献如何了。

所以总结一下，职场人要想获得高薪，最靠谱的方式是为公司创造价值。

2.5 结果导向：做什么可以获得晋升发展

商业世界的价值思维告诉我们要寻求职业或事业的发展，应该做什么；而价值观则告诉我们，我们喜欢做什么。如果我们想要快乐，跟随价值观的步伐走就可以了；如果我们想要在商业世界成长，那么需要跟随价值思维的步伐，以结果为导向。

笔者有位朋友是大学教师，她想在网上教网友自己专业领域的知识，但又不想付出太多时间和精力，所以她有一搭无一搭地进行着，做的自媒体几乎无人问津。可她又想在这个领域做出点名堂，于是找到笔者询问建议。

笔者在自媒体领域有些经验，深知这个领域竞争之激烈。用自己的副业去挑战别人的主业，还想不投入时间就获得成功，这几乎是不可能的。但笔者还是把自己做自媒体的心得一五一十地告诉了她，并没对她抱期望。

没想到的是，后来她的自媒体粉丝数量突破 8 万，开设了自己的线上课程，几期下来招生已经突破 300 人，并且还在持续招生中。自媒体＋线上课程给她带来的年收入已经超过 25 万元。笔者问她怎么做到的？她说就是把笔者告诉她的都做了。

她说笔者给她最大的感触，就是她以前是基于自己的兴趣做事，不考虑用户要什么，只是一味觉得自己提供的就是好的，却不考虑这些对用户有没有价值。她后来改变了策略，重新定义了自己的目标，把所有业余时间都用在给用户提供价值上。

她给自己制定了如下目标。

1. 每天写一篇文章，保证平均每篇文章的阅读量超过 5 000。

写文章不是关键，如何围绕用户喜欢的、想看的、有可能传播的话题，用怎样的方式写文章才是关键。这个看似简单的目标，实际上是围绕着用户的需求。

2. 每周承接 1 次广告和软文。

自媒体有了粉丝基础和阅读量后，可以承接商务。要实现这个目标，除了被动等待广告主找上门外，还应主动出击。

3. 做一套 30 个课时、售价 599 元、销量突破 300 份的线上课程。

有了粉丝基础，线上课程的销量才能有保障。当然，这里的线上课程同样应当是用户需要的，是能够为用户提供价值的。

一切围绕用户需求，一切为了解决用户的痛点，一切为了用户的价值，让她用较少的时间，就能在自己的自媒体领域小有成就。把时间放在对的事情上，放在最有价值的事情上，就能事半功倍。

这一点，从"打工皇帝"唐骏的成长史也能看出来。

唐骏自 1994 年进入微软公司。在人才济济的微软，他的周围充满了世界常青藤名校毕业的博士，而他只是个相对比较普通学校的硕士，岗位是一个微不足道的工程师。

唐骏是如何一路晋升发展的呢？

当时的微软正在全球推广 Windows 操作系统。微软开发多语言版本的思路是：先开发英文版，再将英文版移植到其他语言版本上去。所以其他各种语言版本都比英文版本上市晚好几个月。

唐骏希望改变这一切，于是产生了一个新思路：改变 Windows 系统的内核构造，把原本英文内核变成国际化语言的内核。最终做到多语言版本与英文版本的进一步开发同步进行，还可以大大节省人力成本。

于是，他给自己设定了一个目标：每天下班后开始工作，用 6 个月的时间，将 Windows 系统内核各选做一个具有代表性的模块，实现原本英文内核的替换。

这个目标达成后，可以充分显示他思路的正确性。方案基本成熟后，唐骏向分管的副总裁汇报并演示了自己的研究成果。

副总裁听取了他改进方面的专业意见后，成立了一个 30 人的项目组，让他当项目总经理，后来他的研发比较成功，实现了 Windows 软件世界同步上市，为微软抢夺了市场上的主动，额外创造了几亿美元的利润。

后来，唐骏的职业一路发展，做到了微软中国的总裁。唐骏担任微软中国总裁期间，实现连续 3 年公司的销售增长在微软全球排第一。

离开微软后，唐骏去了盛大网络公司，帮助盛大网络成了中国第一家上市的网游公司。盛大网络的老板陈天桥身价飞涨，一度成为中国首富。

离开盛大网络后，唐骏去了新华都公司，帮助新华都运作上市，帮助新华都的董事长陈发树身价飞涨。

同时，唐骏的个人身价也早就每年破亿，所以被称为打工皇帝。唐骏自己不是老板，但他帮助老板提升身价，帮助公司创造价值，他也获得了自己应有的价值。

唐骏为什么能脱颖而出呢？他有 3 个了不起的地方，值得我们学习。

1. 当时能看出微软语言版本问题的人，肯定不只唐骏，但他作为一个普通技术员，并没有冷眼旁观，没有觉得这是公司的问题，和自己没关系，没把这件事当成饭后谈资，而是决定抓住这个机会。很多人都能看到公司的问题，但他们又是如何做的呢？

2. 唐骏看到问题后，下决心要解决这个难题。他设定目标，立即行动，着手研发解决方案。所以，只有决心是不够的，还需要有持续的、进一步的行动。很多人也给自己定了目标、计划和行动，但能不能持续按照目标把事情做好呢？

3. 唐骏没有为了实施他的想法去和公司讨价还价，他持续 6 个月用下班后的私人时间开发解决方案。他研发解决方案的过程，没影响他的正常工作，也没损耗公司的财力物力。而很多人发现问题后，会向领导提出来，然后要资源，不给资源就不解决问题。

很多人不开心的原因正是因为想太多"想得到什么"，想太少"该付出什么"。多想想自己付出过什么，就会察觉到现况就是自己该得的。我们想获得价值，先要为别人创造价值。微软对唐骏的任命，是因为唐骏为公司做出贡献在先，展示他的专业能力在先。

我们如果想获得更多的薪水、更高的职位、更多的空间，只有一条途径，就是不断让自己变得更有价值，而不是把自己的命运被动地交给公司、交给老板；只有自己先成长了、工作更高效了、价值更高了，才有可能获得自己想要的东西，才有权利获得更多的选择。

当我们有价值、能给企业带来价值，就算当前的企业给不了我们想要的，别的企业也迟早会给我们。可如果我们没有价值、不能给企业带来价值，我们想要的已经超过了我们的价值，那不论到哪里，别人也不会给我们想要的。

2.6 价值认知：价值靶心图助你创造价值

既然商业世界存在通用的价值，那这个价值到底是什么？能否清晰地表征呢？

一提起价值这个词，很多人第一时间想到的是"成功学"或"心灵鸡汤"。觉得价值是一个说不清、道不明的东西。实际上，商业世界的价值是很实在的，是能够被清晰表征的。

要表征商业世界的价值，可以用价值靶心图，如图2-2所示。

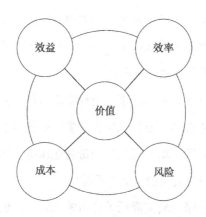

图 2-2　价值靶心图

什么是商业世界的价值?

商业世界的价值主要表现在 4 个方面:效益、效率、成本和风险。也就是说,如果张三是一个职场人,说自己给公司创造了价值,那怎么才算是创造价值了?

要么,是提高了某方面的效益,例如从财务结果看,某方面的销售额提高了。

要么,是提高了某方面的效率,例如从单位时间获得的结果看,量提高了。

要么,是降低了某方面的成本,例如完成某个任务,公司需要付出的成本降低了。

要么,是降低了某方面的风险,例如在某个领域的风险系数下降了。

到这里还没完,价值靶心图的正确含义,是在其他方面不变差的情况下，优化了其中的某一个方面或某几个方面，才说明创造了价值。如果某个方面确实改善了，但前提是另外的方面变差了，那么其实没有真地创造价值。

例如，张三在某公司从事人力资源部门员工关系管理岗位。这个岗位的事务性和重复性工作比较多，张三为了降低员工发生工伤后产生的风险，给公司买了一份商业保险。问题来了：就这件事来说，张三给公司创造价值了吗？

当然没有！张三确实降低了公司的风险，但也付出了成本。降低的风险是用付出的成本换来的，说得直白些，商业保险谁不会买？动动嘴皮的事。除了买保险这种不费力的事外，在降低公司用工风险这件事上，张三又做了什么呢？

针对降低员工发生工伤后产生的风险这件事，张三可以查看公司近一年员工发生工伤最多的部门是哪个？最常发生工伤的情况是哪种？

张三可以走访这些部门，调研工伤发生背后的真实原因；可以和这些部门负责人一起沟通，发现生产作业环节可能存在的安全隐患，和部门一起改进工艺或流程；可以组织减少工伤相关的培训。就算发生工伤最常见的情况是交通事故，张三依然可以和各部门负责人一起有针对性地做提高交通安全意识的培训。

经过这一系列操作，张三可以把一段时间后的工伤数量和之前的工伤数量做比较，发现工伤人数下降后，就能证明自己的工作有了成果，代表自己通过减少工伤数量为公司创造了价值。工伤数量减少对公司来说具体有什么价值呢？

最直接的价值是降低了发生工伤后，公司需要付出的成本和潜在的风险。另外，在一定程度上，能增加员工的安全感，强化公司的雇主品牌，在一定程度上能提高运营效率。根据公司以往的数据，还可以具体计算出平均减少一个工伤，公司能节约多少成本。

价值靶心图是指导日常职业和事业发展的重要工具，可以让我们在设定目标前，考虑自己要实现的价值到底是什么。

笔者公司曾经有个负责公众号编辑的兼职小助手李四，是个在校大学生。到了毕业季，李四想回老家工作，目标是一家电视台的新媒体编辑岗位，于是找笔者帮他看简历。

李四是一所 985 名校的学生，他简历上的实习经历是这么写的：

负责 X 微信公众号的编辑工作；

负责每天发布 1 篇文章，对文章进行编辑、矫正、排版和美化工作；

负责每天把文章在 20 个不同的渠道进行推送；

……

他简历上其他的几段实习经历也都是类似这样的描述。

这类描述有什么问题吗？

问题极大！

这其实也是大部分人在描述自己过往工作经历时会犯的错误，就是特别喜欢围绕具体的工作内容和任务，而非围绕自己创造的价值。这种千篇一律的简历，怎么能体现出李四和别人不一样，怎么能体现出李四的价值呢？

笔者对李四说："你应该写，自己负责 X 微信公众号的运营工作，用 6 个月时间，将粉丝由 5 000 人增长到 10 万人；由平均每天阅读量 500，增长到阅读量 5 000；由 0 收入，实现每月赢利 2 万元。"

这样写，才能体现李四在这个岗位上创造的价值。而李四原来的写法，则体现出他在平时的工作中，只是把工作目标放在被动地完成工作任务上，没有放在如何真正创造价值上。

认清楚什么是价值，让自己以价值为目标，不断实现这些目标，就是不断地创造价值。

2.7　价值目标：获得价值要做对的事

如何在有限时间、有限精力、有限劳动的情况下，做出对自己最有价值的事情？怎样让自己的努力发挥最大的价值，而不是一直在做低水平的勤奋？如何让自己努力的方向正确，让自己获得最大的价值？

答案并不复杂——围绕价值工作。

以什么为目标，围绕什么工作，决定了最终将收获什么。

拿职场举例。有的人是围绕职责工作，有的人是围绕上级的指示工作，有的人是围绕兴趣工作，却很少有人懂得围绕价值工作。正是因为很多人围绕的重心错了，目标的导向错了，所以工作根本体现不出自己的价值，也没有让自己收获价值。

围绕工作职责工作，会让人晋升吗？

不会，工作职责是每个人在其岗位应该做的事，做不好是不应该的，做得好是应该的，这和每个人要晋升的岗位没多大关系。为什么很多工作兢兢业业的人晋升却很慢？正是因为兢兢业业虽好，但只是完成了岗位职责的最低要求。

围绕上级的指示工作，会让人晋升吗？

不一定，上级很可能把一些鸡毛蒜皮的小事或没人愿做的杂事让你做。当然，这些事你该做，但这些事很难真正锻炼你的能力，很难让你获得成长。看一看周围，有很多人是上级让他做什么就做什么，但升职加薪的却不是他。

围绕兴趣来工作，会让人晋升吗？

更不能，这和前文提到的围绕价值观做事的道理一样。这其实是一种不成熟的表现，职场上的升职加薪并不天然和兴趣有关系。

很多人不懂围绕价值工作，只是一味抱怨企业不公平。其实不是企业不公平，如果你觉得目前的企业对自己不公平，大可以换个企业。见的企业多了，你就会发现其实所有企业都离不开一个核心逻辑——创造价值。

如果我们不围绕价值来设定目标，不围绕价值来做事，那企业为什么要给我们兑换价值呢？企业最可能给更有价值的人升职加薪。这才是同样起点的两个年轻人，工作三五年后薪酬和职位不一样的真正原因。

对于职场人来说，工资是谁发的？

很多人一定会说，工资当然是企业发的。

不对！工资从表面上看，是企业给我们发的，但实际上，是我们自己给自己发的。

每个人的工资都是自己通过劳动创造出来的价值换来的，而不是企业平白无故发的。而且企业发工资后，一定是要留存剩余价值的，这样企业才会有利润，才能存续。

例如有一家小企业，一共有 100 个人。这 100 人是企业的人力资源，当然，企业不可能只有人力资源，还需要有办公地点、办公设备以及各类硬件或软件资源，这些可以统称为其他资源。我们可以把一个企业的活动，简单地理解成人力资源利用其他资源来创造价值。

假如这家企业每年的销售流水是 1 亿元。这 1 亿元，就是企业所有人力资源利用其他资源创造的销售额价值。但企业不可能拿出这 1 亿元来分配，因为其他资源有损耗和花费，也就是有成本。假如为创造这 1 亿元的价值，在其他资源上的成本是 6 000 万元。

1 亿元减去 6 000 万元后，剩下 4 000 万元。这 4 000 万元，可以让这 100 个人来分吗？肯定不能，如果这 4 000 万元全分了，那企业来年就没有钱对资源做投入了，企业可能就没办法正常运转了。

假如企业留了 2 000 万元，将另外 2 000 万元分给了这些人力资源。这时候，企业留下的这 2 000 万元就是剩余价值，分的这2 000 万元，是这 100 个人力资源辛苦一年得到的价值变现。

当然，要分的这 2 000 万元肯定不是平分的，因为在这 100 个人力资源中，有的人提供的价值大，有的人提供的价值小。提供价值大的人，价值变现就多，也就是分到的钱就多；提供价值小的人，价值变现就少，也就是分到的钱就少。所以薪酬从形式上看是企业发给我们的，本质上是我们自己通过创造价值赚来的。

如果张三认为自己的工资低，一般有两种可能，第一种可能是张三本身创造的价值就低；第二种可能是张三所在的企业拿了太多张三的剩余价值，也就是张三的价值更多地输出给了企业，没有变现。看到这里，一定有很多职场人认为自己是第二种情况。

可如果真是第二种情况的话，张三可以选择去别的企业。市场是开放的、是公平的，资本是逐利的，人也是逐利的。克扣员工的企业一定留不住人才，当员工频繁离职，企业也会调整策略。实际上，大部分企业把大部分由人力资源创造的价值，通过各类短期或长期收益的方式，变现给了这些人力资源。

所以，如果张三觉得自己工资低，但到了第 2 家、第 3 家、第 4 家、第 5 家企业……这些企业给张三的工资都低，那张三工资低的原因只有 1 个，就是前面说到的第 1 种情况——张三本身创造的价值就低。这时候没什么好抱怨的，倒不如想想怎么解决这个问题。

价值源于好的成果，成者王侯败者寇。在价值面前，智商不管用，努力不管用，勤奋不管用，只有成果管用。

比尔·盖茨曾经说过："这个世界不会在乎你的自尊，这个世界期望你先做出成绩，再去强调自己的感受。"

成果来自过程，过程决定成果，但是最终，还是成果决定一切。

　　以价值为目标，围绕价值设定目标，有助于我们成长与发展，能帮助我们做高水平勤奋。

选择创业目标时要遵循的原则

选择创业目标时，要遵循3点原则。

1. 可行（Feasible）：商业模式的逻辑是通的，有基本的盈利模型，能实现盈利。

2. 可持续（Sustainable）：商业模式的逻辑可以持续运行，不是只能盈利一次或几次。

3. 可扩张（Scalable）：商业模式能够随着投入扩大而产生盈利同比例扩大的特点。

很多人看别人成了"网络大V"，风光无限，甚是羡慕。然后就在什么都没想好的情况下，一头扎进互联网的洪流中开始做起了自媒体。不说那些被淹没后没做成大V的，很多人努力之后收获大量粉丝，可雷声大、雨点小，耗费了大量时间，到最后也没赚到钱。

笔者身边就有不少这样的朋友，想尽一切办法做大自媒体的流量，结果做出来后如何变现呢？没想好。

有一次，笔者和一位朋友说："你得先想好了再开始做。"

他说："这就是你不懂了，互联网时代流量为王，我先做出大流量的自媒体来，到时再想变现方法也不迟。"

结果笔者的朋友空有一个百万粉丝大号，一个月接几个广告，收入也就几千块，和自己曾经的投入完全不成正比。自媒体要有持续的内容生产，如果断更，马上就会掉粉。他后来陷入了一个投入远大于回报的局面，食之无味、弃之可惜，还在苦苦坚持。

笔者说："流量做起来了，这回有变现方法了？"

他说："还没想好，还在摸索中……"

笔者作为一个旁观者，总结他的情况大致是这样的：他辛苦做起来一个大号，很想变现，但一直没想好持续的、稳定的变现模式。

自媒体最常见的变现模式有3种，他觉得都不适合自己。

1. 广告变现

他最想通过广告变现，但他是被动接广告，很不稳定，有时多有时少。而且找他打广告的单价给的普遍较低，不知道去哪里找稳定的大单。有一些广告单子倒是很多，但卖的产品有风险，他又不敢接。

2. 知识变现

知识变现的常见方式有3种：第一种是自己讲课、卖课；第二种是卖别人的课；第三种是做一个知识付费的社群。他的自媒体平台是抖音，内容领域偏大众生活化，不够垂直，知识产品通常是解决某个特定领域的问题，他的粉丝不聚焦。同时他的用户黏性低，绝大多数用户关注他只是为了看他有没有什么好内容，根本不想加入他的社群。

3. 带货变现

带货变现的常见方式有两种：第一种是直接上网店链接；第二种是做直播，既可以卖自己经营的商品，又可以卖别的网店经营的商品。这些他都试过，他曾经试过放一些合作网店的链接，发现成交量极低。他直播了几次，发现没多少人看，更不要说带货了。经营自己的商品就更没谱了，他压根就没做过这类生意，连选品都不懂。

他成功做出了自媒体大号，这已经比那些没做出大号的人强了，但显然只做出大号是不行的，没有满足可行、可持续和可扩张的三大原则，逻辑不通，他的一切努力，都必然是低水平勤奋。

他目前相对最稳定，也是他最想做的广告变现虽然可行，但他没有找到稳定的接广告方式，都是被动接受，缺乏主动性，收入不稳，所以难以持续。他的粉丝数量破百万之后，增粉陷入瓶颈，而且他的号互动性差，粉丝黏性低，领域宽泛，商业价值低。目前看，接广告的要价不具备较大增长空间，也不具备可扩张的特性。

当然，这里不是说做自媒体不好，也并非呼吁大家不要做自媒体，而是说在没有想好商业盈利模式之前就贸然行动，很容易无功而返。

很多人学时间管理，表面上非常懂得如何管理时间，一段时间后，虽然没有浪费时间，但在价值创造上并没有进展。为什么？因为会管理时间不代表会利用时间，管理时间是不让时间浪费，利用时间是提高时间的单位价值，让单位时间能够创造更高的价值。

把时间用来做对的事，可以理解为用时间对未来投资，有效利用时间，就是要让时间投资最大化。创业时，最好的目标是同时满足可行（Feasible）、可持续（Sustainable）和可扩张（Scalable）这 3 点。符合了，至少代表逻辑上说得通；不符合，商业逻辑上就说不通，注定会失败。对时间管理的理解再高明，如果没有这一点认知也难以让自己增值。

很多人问笔者："写书不赚钱，你为什么还要把大量时间用在写书上呢？"

和很多行业相比，写书确实算不上什么赚钱的事，这是事实，但写书是完美契合这 3 点原则的，是普通人实现人生逆袭的有效方式。

1. 可行（Feasible）

多数人写书虽然赚得不多，但赚得不多不等于不赚钱。这个道理就像是开早餐店卖煎饼馃子，卖一套煎饼馃子也许赚得不多，但只要销量上去了，也可以收获可观的收入。写书、出版、稿费，这种传统的经济模式，是薄利多销的逻辑。滞销书当然不赚钱，但只要书的销量有保障，收入是比较可观的。

2. 可持续（Sustainable）

没有一夜暴富的作者，写书是一件细水长流的事，是一件可持续的事。畅销书的生命周期有多久？一般从 3 年到 30 年不等，不说那些百年畅销书，这个生命周期已经比大多数企业的寿命还长了。而且只要坚持写，不断有新的作品出现，可持续的时间将会不断拉长。

3. 可扩张（Scalable）

写书可以扩张吗？当然可以。从销量的角度可以扩张，从写书数量的角度也可以扩张。如何增加图书销量？如果平均一本书的销量只能卖 10 万册，那就写 10 本，写 20 本，写 30 本……也许有人会想，写 30 本书，这可能吗？当然可能，笔者就做到了。与其想可不可能，不如想如何做到。

要保证持续稳定的收益，设定创业目标时，最好满足三大原则：可行（Feasible）、可持续（Sustainable）和可扩张（Scalable）。

设定目标：

成就卓越的第一步

第3章

有目标的人在奔跑，因为想早日取得成果；没目标的人在流浪，因为不知道该去往哪里。有目标的人睡不着，因为时刻在想着目标；没目标的人睡不醒，因为不知道醒了做什么。一切美好故事的开始，都是因为先有了一个期待达成的目标。

著名企业家安德鲁·卡耐基（Andrew Carnegie）说："如果你想要快乐，设定一个目标，这个目标要能指挥你的思想，释放你的能量，激发你的希望。"

3.1 目标靶心：设定目标要考虑的四大要素

很多人在设定好目标后，总觉得有一些事项自己没考虑周全，例如目标没有贴近价值，任务方案不切实际，开始行动后发现缺少必要的基础或资源等。那么，在设定目标时，如何做到考虑周全呢？

我们在设定目标时，可以用到设置目标的靶心图，如图3-1所示。

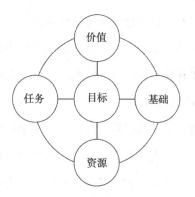

图3-1 设置目标的靶心图

设定目标时，要考虑4个关键点。

<u>1. 价值</u>

价值是设置目标前需要考虑的第一要素，是与目标相关的

最重要的要素。前文已经对价值做了比较详细的描述，这里不再赘述。

需要注意的是，价值有偏向个人主观偏好的价值观，也有偏向商业世界共识认知的价值。具体用哪一种价值，要看实现的目标偏向哪一种。如果要实现对自己来说有意义的价值，就用价值观；如果追求事业/职业的发展，就用商业世界共识认知的价值。

2. 基础

基础就是我们为了完成目标所需要的素质、知识、技能、经验等与自身情况相关的要素。基础具有一定的可控性，很多时候可以通过个人的努力来提高。当不具备某种基础时，也许可以通过某种方式补足。

例如，张三有个目标是成为专业的主持人。但张三的口语表达能力较差，讲话并不流利，而且在公开场合讲话还会胆怯。这种情况显然很难让张三如愿成为主持人，就算有机会参加主持人的选拔，也大概率会被淘汰。

那怎么办呢？张三当前做主持人的不足是可以通过努力来弥补的。要达成做主持人的目标，张三就要补足基础上的不足，刻意锻炼自己的口语表达能力，多练习在公开场合讲话，让自己具备成为主持人的基础条件。

3. 资源

资源指的是那些来自外部的别人的支持和帮助，是主观努力后不一定可以被改善的。资源往往需要外部人来配合或协助我们，可能需要别人和我们一起来完成目标，它往往不是我们想有就能有的。当然，这不代表我们不需要努力去争取资源。

例如，张三有创立一个环保企业的目标，专注于解决某类环境保护问题。张三本人虽然知道大致原理，但并不掌握核心技术，要创立和运营这类环保企业，需要专业技术人才资源。除此之外，张三创业的资本金也不够，需要寻找这方面的资金。

与基础差距不同的是，张三能否找到愿意和自己合作的专业技术人才、是否能够充分调动起这类人才的积极性，虽然与张三的努力有一定关联，但并不完全受张三的控制。在资金缺口方面同样如此。

4. 任务

任务代表着与目标落地相关的行动。考虑了价值、基础和资源后，具体该如何实现目标，每一步该做什么呢？这就需要针对目标设计具体明确的任务。任务可以为目标服务，也可以为实现目标需要的基础和资源服务。

任务、资源、基础是相互联系的，是统一的整体。它们之间相互影响，例如，张三的基础很好，可能需要的资源就少一些，需要完成的任务也少一些；李四可以动用的资源很多，那么需要李四拥有的基础就少一些，需要完成的任务也少一些；王五既不具备基础，也没有资源，但王五很勤奋，愿意下苦功夫，那王五可以多做一些任务，来弥补基础和资源的不足。

3.2 三环模型：精准定位最适合自己的目标

当我们可以选择的目标较多时，如何精准找到最适合自己的目标呢？

可以从应该达成的目标、想要达成的目标和能够达成的目标3个维度来寻找，如图3-2所示。

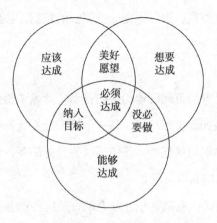

图 3-2　精准定位目标的 3 环模型

1. 应该达成的目标

这是根据自身对现实状况的理解和判断，认为自己应该可以达成的目标。

例如，张三现在是一名高中生，正面临高考。处在这个关键阶段，最应该达成的目标是与高考相关的，可以是考入某所高校的某个专业，可以是高考成绩达到多少。此外，张三的数学成绩不错，在数学方面比较有天赋，老师建议张三报名奥林匹克数学竞赛，并基于此设定目标，可张三对此并不感兴趣。

2. 想要达成的目标

这是根据个人对价值的追求，觉得自己想要达成的目标。

例如，张三虽然现在是一名即将参加高考的高中生，但张三很喜欢打篮球，梦想成为一名即将参加高考的高中生。张三觉得成为篮球运动员不需要高考成绩加持，只要把时间用在练习上，篮球打得好就可以了。另外，张三也很喜欢旅行，想做一名职业的"旅游达人"，在互联网上分享自己旅行的所见所闻。

3. 能够达成的目标

这是受个人能力和所能调动资源的限制，实际上可以达成的目标。

例如，张三虽然篮球打得好，但只是在本校难逢敌手，和专业篮球运动员相比差距还是比较大的。另外，张三虽然爆发力好，但身高上没有优势，体能上也不十分出众，走专业运动员的职业道路对张三来说比较困难。虽然张三具备做"旅游达人"的能力，但这个目标并不适合张三当前的人生阶段。

4. 必须达成的目标

这是经过前面 3 方面综合考虑后，最终决定自己应该达成的目标。

例如，张三接触了篮球专业运动员，听取了专业篮球队教练的建议，发现自己兴趣爱好上的优势并不能作为未来职业选择的唯一依据，自己并不适合篮球运动员这条路，高考相关的目标才是自己当前必须达成的。

对于既应该达成，又想要达成，还能够达成的目标，应当立即设定为必须达成的目标。如果环境不发生较大变化，这类目标拥有最高优先级，是最需要投入时间和精力的。对于前例中的张三来说，高考相关的目标就是他必须达成的目标。

对于既应该达成，又想要达成，但不能达成的目标，是一种美好的愿望，可以关注。如果未来条件成熟，可以作为备选目标；如果未来难以具备这类资源或能力，也可以选择放弃。对于前例中的张三来说，成为篮球运动员就是这类目标。

对于既应该达成，又能够达成，但不想达成的目标，常常需要外人来提醒和引导我们发现，帮助我们设定，如果自己暂时不想达成，可以将其纳入设计目标的范围考虑。对于前例中的张三来说，奥林匹克数学竞赛相关的目标就是这类目标。

对于既能够达成，又想要达成，但不该达成的目标，是我们对目标的误读。我们不应该追求这类目标，不需要在这类目标上做出努力。对于前例中的张三当前的人生阶段来说，做"旅游达人"就是这类目标。

因此，前例中张三的目标梳理如图 3-3 所示。

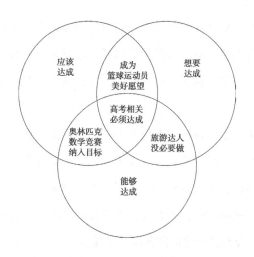

图3-3 张三的目标梳理

美国著名飞行教练切斯利·萨伦伯格（Chesley.B.Sullenberger）说："当你没有可能完成所有目标时，就要舍弃那些不太重要的目标，只有这样做才能履行和实现更高的目标。"

当目标没有得到最终聚焦时，可以进一步运用精准定位目标的三环模型。

张三聚焦了高考相关的目标后，还要进一步确定具体是什么样的目标。

张三对医学比较感兴趣，想报考重点医学院的医学外科类专业。可是从张三当前的模拟考试成绩来看，除非在高考前成绩突飞猛进，否则很难达到这个目标。

基于对旅游的兴趣，加上很多重点高校的旅游专业分数线并不高，张三也想以报考重点院校的旅游专业为目标。

基于对未来就业前景和发展潜力的考虑，张三的家长更支持张三报考医学院，只是可以把目标设置得更现实一些，考不上重点医学院的医学外科类专业，也可以考普通医学院的医学外科类专业。

　　老师基于张三在数学方面的天赋，建议张三报考重点院校的财经类专业。一是因为这类专业未来就业前景较广，二是因为医学院一直热门，分数线较高，以张三的成绩来看，考医学院大概率只能进普通医学院，考财经类专业却可能进重点院校。但张三对财经类专业和其对应的职业没有兴趣。

　　经过综合考虑，张三给自己制定的目标是考入普通医学院的医学外科类专业，争取考入重点医学院的医学外科类专业。张三的思考逻辑如图3-4所示。

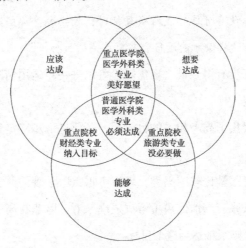

图3-4　张三对高考相关目标的思考逻辑

运用同样的方法，张三还可以对自己高考各科目的分数、复习科目的时间设置、复习的阶段性安排等做目标的聚焦。

当可以选择的目标较多时，可以用应该达成的目标、想要达成的目标和能够达成的目标来做目标的精准定位，可以帮助我们找到当下最适合自己的目标。

3.3 明确标准：基于事实让目标更精确

笔者以前有位做招聘工作的同事，年初时给自己设置的目标是"很好地满足公司人才需求"。做总结时，这位同事是这么说的。

虽然今年的招聘形式很严峻，人才很难招，但我们凭借着顽强的毅力，经过夜以继日的努力，通过多种渠道，采取各种方式，筛选了大量的简历，组织了大量的面试，接待了大量的候选人，最终缓解了公司的招聘压力，很好地满足了公司的用人需求，达成了年初制定的目标。

这段话的问题就在于其中没有一句话在描述事实，全部都在讲观点。为什么讲观点不好呢？因为观点没有标准，没有标准就没有评判依据，就无法得出目标是否达成的结论。当然，笔者同事一开始设定的目标也是观点，而非基于事实的、有确定评判标准的目标。

什么是事实？很多人并不清楚。例如，"今天天气很冷"，这是事实吗？不是，这是个观点。如果基于观点来设置目标，则可能会是"打开空调，让自己不觉得冷"。

"今天的温度是 18 摄氏度"，这才是事实。基于事实来设置目标，则可能是"打开空调，让室内温度达到 24 摄氏度"。

基于事实的目标设定应该是这样的。

今年年底，我调研了 5 家竞争对手和 10 家同行业的招聘满足率情况，发现这 15 家企业的招聘满足率在 70% 左右，而去年这个数据还是 85%。这说明，整个行业的招聘形式不容乐观。而我们企业当前的招聘满足率只有 50%，低于同业的平均水平。

我分析了招聘满足率低的具体原因，发现主要原因在招聘渠道的开发和人才简历的获取上。找到原因后，就要有针对性的改善，为此，我定出的目标是：到明年年底，让企业总体招聘满足率达到 80%。

如何达到呢？

1. 扩充招聘渠道，当前的招聘渠道是 5 个，我准备扩充到 10 个。

2. 强化外部合作，当前合作的外部招聘机构是 2 个，我准备扩充到 6 个。

基于客观数据的事实来设计目标，能让目标更精确。

如何判断某件事是不是事实呢？事实往往具备三大特点。

1. 客观

事实是客观的，不包含主观判断，不以人的意志为转移，不受观察者的思想影响。这里需注意，客观不等于量化。客观是必须的，能量化最好，但量化不是必须的。

2. 确定

事实具备确定性，有明确的主体，有确定的时间、空间、人物，通常会基于某种可以被观察或感知的行为或结果。

3. 独立

事实具备独立性，每个事实之间也许可以相互影响，也许存在某种关联，但从属性上来看都是相对独立的。

然而我们平时经常能发现把事实和观点搞混的情况，例如，我们经常可以在工作中听到有人说"这个工作很难""这件事很容易""这个项目很长""这个工作量很大""这个内容很多""这个时间很久""这个人很好"等。

这类语言平时在聊天中可以说，但在制定目标时则是无效的。设定目标时要基于严格的精确的事实，而不是模棱两可或差不多。

这种情况我们平时吃饭时应该深有体会。有时候我们去同一家中餐厅，点同一道菜，但是每次去，这道菜的味道都不同。有时候偏咸，有时候偏淡，有时候好吃，有时候不好吃。

我们也许会觉得这些菜是不同的厨师做出来的，所以味道不同。但实际上即便是同一个厨师，在不同时间段、不同心情下，做出来的味道也不一样。因为这些餐厅的菜谱上对配料的说明都是"盐适量、味精少许、酱油多放、糖视情况"之类的含糊表达。

因为有这些模糊的表达，所以每个厨师在制作过程中全凭自己的理解、感觉、经验、偏好来操作，菜的味道当然会不一样。

很多人习惯了用这种模糊的词语来表达，结果造成了没有标准。

笔者朋友有一次去美国，到酒店住下之后，出来找东西吃，发现酒店旁边有两家餐厅，一家是麦当劳，一家是个没听过名字的牛排店。他想了想，去了麦当劳。

他说："因为去麦当劳吃饭，有确定性，但去那家牛排店，没有确定性。我们在全世界任何一家麦当劳餐厅买相同口味的汉堡，吃到的都是一样的口味，不论这个口味是不是我们喜欢的，至少我们确定会吃到这个口味。但如果我们到一家自己不熟悉的餐厅，将会吃到什么口味，并不确定。"

实际上，世界上80%以上餐厅的烹饪过程都没有明确的标准，都无法保证产品的标准化。而麦当劳怎么做的呢？麦当劳对原材料的要求是这样的。

奶浆在送货时温度如果超过4℃必须退货；汉堡的面包不是圆型、切口不平的不能要；每块牛肉饼要经过40多道质量检查关，有一项不符合规定标准，就不能出售给顾客；餐厅的一切原材料，都有严格的保质期和保存期，比如生菜从冷藏库送到配料台，只有2个小时保鲜期限，超过这个时间就必须处理掉。

麦当劳在制作的时候，是精确到0.1毫米的制作标准。比如，严格要求牛肉原料必须挑选精瘦肉，牛肉由83%的肩肉和17%的上等五花肉精制而成，脂肪含量不得超过19%，绞碎后，一律按规定做成直径为98.5毫米、厚为5.65毫米、重为47.32克的肉饼。无论是国内还是国外，所有分店的食品质量和配料相同，并有全套的操作规程和细节。

麦当劳对产品的保存也有明确的要求，按照麦当劳公司的规定，各种食品的保存期是不相同的。三明治类的保存期为10分钟、炸薯条7分钟、炸苹果派10分钟、咖啡30分钟、香酥派90分钟。

麦当劳的可乐都控制在4摄氏度，因为这个温度的可乐味道最为甜美。面包全都厚17毫米，面包中的气泡均为0.5毫米，那样的面包在口中咀嚼时味道最好、口感最佳。

就连麦当劳餐厅的设计都既体现了服务的细节，又体现了服务的标准。比如，麦当劳所有连锁店的柜台高度都是92厘米，因为据科学测定，不论高矮，人们在92厘米高的柜台前掏钱感觉最方便。

有了这样的运营标准，才能保证我们无论在世界上哪一家麦当劳餐厅用餐，都会吃到一样口味的汉堡。要形成这些运营标准，需要基于事实做准确的总结和描述，没有任何观点上的表达。

反观很多餐厅的厨师，在教徒弟时经常说："你这个菜炒得太咸了，你这个酱油放得太少了，你这个菜量放得太多了。"

基于明确的标准来设定目标，不仅能让目标更明确，而且有助于评判目标是否得以实现。

3.4 多快好省：设计目标的4个维度

很多人在设计目标时，不知道该从哪些角度来设计。本节介绍一个目标设计的通用工具，帮助读者找到设计目标的思路。

这个工具是一种"元工具"。元工具这个词来源于元认知。元认知就是对认知的认知，也是最底层的认知。掌握了一些元认知之后，人们可以生发出很多其他的认知。在工具的层面，也有类似于元认知的工具，这种工具被称为元工具。元工具就像元认知一样，可以生发出很多的工具和方法论。

例如，PDCA 管理循环工具，是一种计划（Plan）、执行（Do）、检查（Check）、处理（Act）的管理循环，就是一种非常典型的元工具。人们日常工作中很多有效做事的步骤，实际上都遵循 PDCA 原则，都可以来自这个工具。

当不知道从哪些维度设计目标时，可以从 4 个角度入手，如图 3-5 所示。

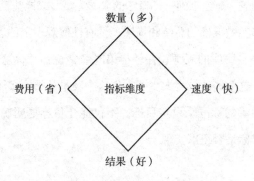

图 3-5　设计目标的 4 个通用角度

设计目标时，可以分成 4 个维度，分别是数量、速度、结果和费用。如果简单记忆，就是"多快好省"。设计目标时，可以从这 4 个维度出发去思考问题。

例如，有个公司负责招聘工作的人力资源经理张三在给自己设计工作目标。

从数量的角度，张三可以关注招聘人才的数量有没有达到公司要求，对应的目标可以是招聘满足率的达成情况。

从速度的角度，张三可以关注招聘人才的到位时间有没有满足公司要求，对应的目标可以是人才到位的及时率。

从结果的角度，张三可以关注招聘人才的质量有没有满足公司要求，对应的目标可以是招聘来人才之后的绩效达标情况，或招聘人才后的能力达标情况。

从费用的角度，张三可以关注招聘人才的成本有没有控制在公司要求的范围内，对应的目标可以是人均招聘成本的情况。

同样，该公司负责培训工作的人力资源经理李四也可以从这 4 个角度设计目标。

从数量的角度，李四可以关注培训举办的数量，对应的目标可以是培训人次或培训课时数量。

从速度的角度，李四可以关注培训有没有根据时间要求按期举办，对应的目标可以是培训举办的及时性或培训计划的完成率。

从结果的角度，李四可以关注培训之后员工的行为有没有改变，绩效有没有改变，对应的目标可以是培训后员工绩效改善率或培训成果转化率。

从费用的角度，李四可以关注培训一共花费了多少成本，对应的目标可以是培训成本或人均培训成本。

总之，当我们不知道该从哪些维度设计目标时，可以从"多快好省"4个维度来思考设计。对于自身的工作，我们可以从自身完成工作的数量、工作完成的效率、工作完成的结果、工作花费的成本或节省的成本这些角度来设定目标。

也许会有读者朋友觉得，自己想要设定的目标无法归结到"多快好省"4个维度上。为了更好地运用这个工具，可以把这个工具的4个维度抽象后再用。

"多"可以延伸为空间问题，除了数量的多与少外，还可以有空间上的大与小、上与下、厚与薄等。

"快"可以延伸为时间问题，除了速度的快与慢外，还可以有时间上的长与短、远与近、急与缓等。

"好"可以延伸为质量问题，除了结果的好与坏外，还可以有质量上的美与缺、优与劣、重与轻等。

"省"可以延伸为资源问题，除了费用的奢与省外，还可以有资源上的贫与富、丰与乏、盈与亏等。

例如，有个公司当前员工的离职问题比较严重，想要制定目标解决这个情况。可以从哪些维度来设计目标呢？

离职员工的数量或比率本身就可以作为目标，也可以再抽象一下，抽象成空间问题，这时候可以细分成离职员工的流向问题。公司可以围绕离职员工的流向设定目标。离职员工是流向竞争对手、流向别的行业或自主创业，对公司的影响是不同的。公司应尽量减少离职员工流向竞争对手，可以围绕这一点来设定目标。

在时间问题上，不仅可以把离职员工的频率作为目标，也就是某时间内，离职员工的数量情况，还可以设定目标，争取在某时间段内离职员工的司龄情况不低于某个水平。

在质量问题上，可以围绕离职员工的质量设定目标，也就是离职员工是优秀员工还是一般员工，是高绩效员工还是低绩效员工，是核心部门员工还是非核心部门员工等。

在资源问题上，可以围绕离职员工带走的资源控制，或给公司造成的损失控制为目标。当然，这里的资源或损失有的容易量化，有的不容易量化，可以把容易量化的资源作为目标。

在运用这个工具时，需要注意两点。

1. 务实

人们通常主观期望所有事情都能做到"多快好省"，但实际上，"多快好省"这4个维度是相互矛盾的。通常情况下，要多，就不一定快、不一定好，也不一定费用低；要省钱，就不一定多、不一定快、不一定好。

"多快好省"这4个维度能做到其中某一个维度或某两个维度就已经比较有难度了，4个维度面面俱到是不现实的。

2. 思路

当没有思路时，"多快好省"可以引导目标设置，生发出设计目标的思路，但不代表这个工具可以生发出所有的目标，也不代表所有的目标都需要与这个工具相关。

当人们不知道自己该如何设计目标时，可以借助这个工具的原理厘清思路。但如果已经知道自己应如何设计目标，则不必非要往这个工具上去套。

3.5 分门别类：目标可以有哪些分类

很多人理不清目标的种类，不知道该设置什么类型的目标。设定目标的角度侧重有所不同。根据目标类别的不同和个人需求的不同，我们可以从相应角度有针对性地设定目标。

常见目标的种类可以分成 7 种。

1.定量和定性

把目标按能否被量化成某数字划分，可以分成定量目标和定性目标。

例如，人均招聘成本、人均人力费用、人均培训时间等属于定量目标；制度健全程度、沟通顺畅程度、员工态度表现等属于定性目标。

当然，这里需要注意，定量目标往往天然符合 SMART 目标管理法中的 Measurable（可以衡量的）原则。定性目标则需要基于事实，同样需要达到 Measurable（可以衡量的）的原则。定量目标可以计算目标的达成率，定性目标可以尝试在某种程度上量化，也可以判断目标达成与否，暗含"是"或"否"的概念。

例如，判断制度健全程度，可以将其具体定义为员工违规后是否有相应的制度规范实施奖惩；沟通顺畅程度，可以将其具体定义为邮件是否全部打开并回复；员工态度表现，可以将其具体定义为员工做出某类事件的次数。

我们在设定目标时，应尽量选取定量目标，尽可能减少和避免定性目标。

2. 通用和专用

把目标按是否专属于或通用于某类身份、岗位来划分，可以分成通用目标和专用目标。

例如，销售收入、毛利额、利润额等属于通用目标；财务成本控制（财务部门专用）、销售成本控制（销售部门专用）、产量（生产部门专用）等属于专用目标。

职场中的很多岗位在设定目标时不能只想到自己部门的专用目标，还要考虑自己的目标是否与公司整体的通用目标关联。很多时候，专用目标是为通用目标服务的，通用目标在一定程度上影响着专用目标的设置。

3. 内部和外部

根据目标的影响来自内部或外部划分，可以分成内部目标和外部目标。

例如，市场占有率、顾客满意度、供应商满意度等属于外部目标；商品损耗率、商品盘点差异率、产品毛利率等属于内部目标。

外部目标虽然来源于外部，但通过自身努力后同样能够被改善。

4. 过程和结果

把目标按照为过程或结果服务来划分，可以分成过程类目标和结果类目标。

例如，产品营业收入、客户成交量、毛利率提升等属于结果类目标；拜访客户数量、与客户电话沟通数量、合同签订质量等属于过程类目标。

结果来自过程，如果只设置与最终结果相关的目标，不明确实现结果的过程该注意什么，也许很难让最终目标得以实现。如果只设置过程目标，不设置与最终期望达成结果相关的目标，则可能得不到想要的结果。

5. 业绩和行为

把目标按指向业绩和指向行为来划分，可以分成业绩类目标和行为类目标。

例如，销售额增长率、成本降低率、利润提升率等属于业绩类目标；会议召开次数、顾客投诉处理次数、培训次数等属于行为类目标。

业绩是行为的结果，没有为实现业绩需要的具体行为，业绩可能难以实现。

6. 长期和短期

把目标根据实现时间长度来划分，可以分成长期目标和短期目标。

例如，一段时期的毛利额、员工离职率、员工转正率等属于长期目标；会议纪要及时性、培训评估及时性、档案存档及时性等属于短期目标。

每个人都应当有自己的长期目标和短期目标，不同时期的目标对应不同的诉求。长期目标对应着美好的愿景，短期目标对应着近期要完成的事项。

7. 重要和日常

把目标按工作任务的重要性以及发生频率划分，可以分成重要目标和日常目标。

例如，融资计划、上市计划、ERP 系统上线计划等属于重要目标；安全培训计划、质量检查计划、设备检查计划等属于日常目标。

重要目标是必须要达成的目标，日常目标是因为工作职责、项目进度等需要在日常完成的目标。

一般来说，我们在同一个时间周期设计的目标数量不建议过多，一般最多设置 5 个目标。如果目标数量过多，很容易分不清重点，造成行为难以聚焦，时间的应用效率不高。

为了促进目标达成，每个目标可以包含 3 ~ 4 个关键结果。让每个岗位都能明确工作的重心，既有目标，又有完成目标的导向性，员工的目标感更强。

如何应用不同的目标种类呢？

以职场为例，不同的岗位应当设计不同的目标。基于不同岗位定位特性各异，设计目标时的侧重点也应有所不同。如果岗位定位更关注业绩，目标也应更关注业绩；如果岗位定位更关注结果，目标也应更关注结果。

每种岗位都有自身存在的价值与意义，都有特殊的定位和贡献，工作内容各不相同。根据岗位的不同，5 类常见岗位设计目标的侧重如表 3-1 所示。

表 3-1　5 类常见岗位设计目标的侧重

岗位类别	价值定位	岗位特性	目标侧重
运营类岗位	推进业务运营战略、流程与计划，协调各方执行并实现运营目标	以运营顺畅为导向	行为目标 内部目标 过程目标 日常目标
营销类岗位	用最低的成本将产品卖出去，并最大化公司的品牌价值与影响力	以达成业绩为导向	业绩目标 定量目标 通用目标 结果目标
技术类岗位	设计出被市场和用户认可的优质产品，顺利将产品推向市场	以技术创新为导向	行为目标 专用目标 内部目标 重要目标
生产类岗位	以最快的速度、最低的成本保质保量地完成生产任务	以质量稳定为导向	行为目标 内部目标 过程目标 日常目标
行政类岗位	妥善处理和安顿好公司行政事务，为团队主业发展提供行政支持	以内部平稳为导向	行为目标 定性目标 专用目标 日常目标

3.6　3 类结果：高、中、基层如何设计目标

在职场中，不同层级工作目标的落脚点是不同的，对应的目标种类也应有所不同。

高层视野格局更高，更关注战略愿景和远期发展，工作落脚

点更宏观。基层工作更具体，更关注执行细节和短期任务，工作落脚点更微观。中层介于高层与基层之间，起到上传下达、承上启下的作用，目标种类也介于两者之间。

高层是团队的指路明灯，要处理复杂问题，要站在比较高的维度思考问题，应有大局观。高层更关注价值，目标可以聚焦于如何带领团队创造更大的价值。这里的价值主要指业绩成果，通常体现在财务数字上。

中层是团队的中流砥柱，是腰部力量，一方面要关注高层的战略规划，另一方面要把握基层的工作执行。中层更关注任务，目标可以聚焦于如何保证员工运行好工作项目。这里的任务主要指一系列行为的集合，也可以是某个项目。

基层是团队的基石，要关注细节，并执行到位。基层更关注行为，目标可以聚焦于如何让每一个行动都执行到位。这里的行动应当可以被分解为每一个动作。

职场上不同层级设定目标的落脚点都应当落到结果上，但不同层级强调的结果是有所不同的，如图3-6所示。

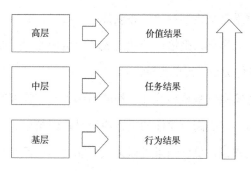

图3-6　不同层级设定目标对应的结果

基层人员的工作落脚点和目标设计应该侧重于行为结果，即具体的行为或事件的结果。

中层人员的工作落脚点和目标设计应该侧重于任务结果，即某项任务或某个项目的结果。

高层人员的工作落脚点和目标设计应该侧重于价值结果，即为公司创造价值方面的结果，主要体现在效益、效率、成本和风险4个维度。

这3类结果是从微观到宏观，互为因果的关系。

例如，某公司人力资源管理部设有分管培训管理工作的培训分部，其中设有培训专员、培训经理和培训总监3类岗位。

培训专员岗位是培训管理工作的基层人员，平时负责的工作主要是组织和运营培训活动，这类岗位应当重点关注行为结果。对于基层培训管理人员来说，行为结果就是实施培训的次数，或者经手组织培训的参训学员人数。

培训经理岗位是培训管理工作的中层人员，管理着培训专员，这类岗位关注的重点应该是任务结果。对于中层培训管理人员来说，任务结果就是指某一项任务或某一个项目，最后得到了什么样的结果，具体可以是培训计划完成率、培训课程完成率等体现培训项目整体完成情况的目标。

培训总监岗位是培训管理工作的高层人员，管理着培训经理和培训专员，这类岗位关注的重点应该是价值结果。对于高层培训管理人员来说，价值结果可以是人才能力的达标率和人才梯队的完备率。

人才能力达标，代表员工具备了完成工作需要的效率，等于工作效率的提升。人才梯队完备率，代表人才梯队的完整情况，一旦重要岗位的人才离职，后备能力达标的人才能及时补充，能够降低人才离职带来的成本损失。

在行为结果、任务结果和价值结果方面，目标设计关注的重点是不同的，不同层级结果设定目标关注的重点也不同，如图3-7所示。

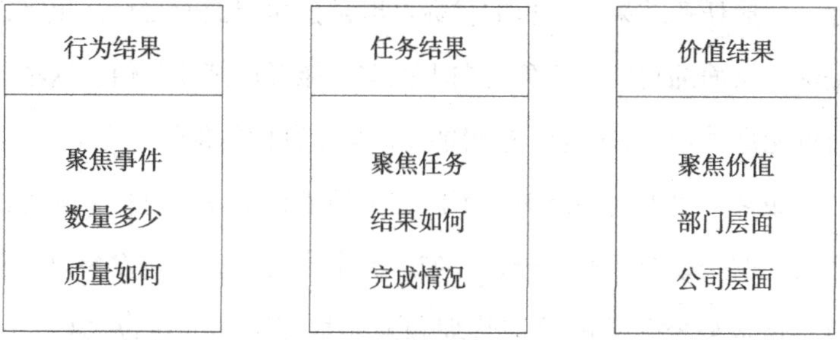

行为结果	任务结果	价值结果
聚焦事件 数量多少 质量如何	聚焦任务 结果如何 完成情况	聚焦价值 部门层面 公司层面

图3-7　不同层级结果设定目标的不同侧重点

行为结果一般聚焦于具体事件，更关注事物的数量多少或质量如何。

任务结果一般聚焦于整个任务，更关注任务的结果如何或者完成情况如何；

价值结果一般聚焦于最终价值，更关注部门或公司层面创造的价值。

例如，某招聘管理专员每天最多的工作内容是打电话邀约面试，筛选简历。过程中为了促成面试，招聘管理专员需要与人力资源部门的领导和各个部门的领导沟通。人才招聘完成之后，招聘管理专员还要带领新员工办理入职手续。

关于这一系列的事务型工作，如果要设计目标的话，可以是平均每月打电话的数量、筛选简历的数量、组织面试的数量、办理新员工入职的数量等。在设计岗位目标的过程中，重点要体现该招聘管理专员做的具体事件是什么，数量有多少，质量怎么样。

继续向上推演，招聘管理专员可以将这些事件聚焦于任务目标，变成任务结果。这里的目标可以是公司层面的目标，也可以是部门层面的目标。任务再向上推演，能形成某项价值。这项价值可能是对公司的价值，也可能是对某个部门的价值。

如果不按不同层级对应不同结果的逻辑来设计目标，就可能会出问题。举个反面例子，例如，有个公司设有人才发展总监岗位，负责整个公司的培训管理和人才培养工作。这位总监是这样设置岗位目标的：上年度一共组织了100场培训，本年度的目标是组织120场培训。

这位人才发展总监设定目标的逻辑显然是有问题的，他没有分析今年准备组织120场培训是怎么得出来的，没有说明这120场培训要达到什么样的具体目标，也没有说明他通过组织培训准备为公司创造什么价值。

培训的数量绝对不是做得越多越好，因为培训过程需要耗费参训人员和组织人员大量的时间和精力，算上这些时间成本和机会成本，组织一次线下培训，成本是比较高的。

如果这位人才发展总监想为公司创造价值，关于组织培训这项工作的逻辑也许可以是这样的：

上年度一共组织了 100 场培训，经过评估，发现其中有 20 场培训效果较差，原因是……

发现有 50 场培训非常成功，原因是……

今年准备通过培训，将公司某类岗位的业绩提高到……，将某类岗位的效率提高到……，将某方面的成本控制在……，降低……方面的风险。

为了达成这个价值结果，准备组织的培训内容是……，培训的场次有……，每个场次准备达到……目标。

为了保证这些培训顺利进行，准备做的工作是……

按照这样的逻辑来设计目标，也许上年度组织了 100 场培训，本年度只需要组织 50 场培训就够了。而且按照这个逻辑，对为什么组织这 50 场培训也分析得有理有据，在还没正式开展工作时，已经能让人信服。

不同层级岗位开展工作的内容不同，关注的重点也有所不同，岗位在设定目标时，视野可以落在行为、任务和价值 3 个层面。同时，也要注意具备全局视野，要在关注自身工作内容所在层面的同时，适当关注其他层面。

如果每个层级没把落脚点放在本层级应当关注的结果上，就有"越位"的嫌疑。例如，一个基层员工过分关注公司战略完成情况，过分关注公司营业收入完成情况，就是明显放错了落脚点。

可如果每个层级只关注手头工作，只关注自己层级应关注的结果，完全不去思考自己的结果如何为上一层级提供帮助，下一层级的工作结果如何为自己提供支持，格局和眼界就太小，不利于上下级工作的承接。

3.7 质量检验：4 个维度评估目标质量

除了根据 SMART 检验目标质量外，还有没有什么方式来评估目标的质量呢？

要检验目标质量，除了遵从 SMART 原则外，还可以从 4 个维度入手，分别是可控性、可实施性、低成本和高贡献度。

1. 可控性

可控性指的是目标要和我们具备一定的关联性，要是自身在一定程度上能够控制的。如果不是自身能够控制的，就算这个目标再重要，也不能作为有效的目标。

例如，张三和李四合伙创业，经营发展稳定后，业务规模和盈利收入不断扩大。张三觉得李四并没有在经营管理中做出应有的贡献，公司的发展几乎是靠自己，因此期望李四把持有的股份出让给自己，并据此设定目标为"1 个月内，说服李四转让全部股份"。

显然，这个目标并不是张三努力就可以实现的，还需要李四对此做出回应。如果李四铁了心，不论张三给出什么条件，就是坚决不出让自己的股份，那张三不论做出什么努力也不能达成这个目标。这个目标，就是可控性比较差的目标。

设定目标时，目标的可控性应控制在一定范围，完全不受控的目标是无效的目标。

2. 可实施性

可实施性指的是目标要具备可行性，能通过某种行动被有效实施。如果目标看起来很美好，但实际上难以被落地实施，同样不能作为有效目标。

例如，张三的目标是在工作之余开展一项副业。这项副业最好既轻松，又能为张三带来可观的收入。然而张三的主业工作时间不固定，而且经常需要加班，回到家后常常累得只想睡觉。所以张三不知道自己适合什么样的副业。

首先，既轻松，又能带来可观收入的副业到底是什么？张三恐怕很难找到这样的副业。其次，张三当前的主业已经占用了他大量的时间和精力，如果不解决这个问题，他很难再有精力发展副业。这个目标，就是可实施性比较差的目标。

设定目标时，要保证目标有一定的可行性，具备可实施性的目标才是有效的目标。

3. 低成本

低成本指的是实现目标和评估目标需要付出的成本较低（尤其是评估目标）。如果评估目标需要付出的成本较高，则目标通常是无效的。

例如，张三开了家小超市，服务周围社区的邻居。张三给超市开通了会员功能后，已经陆续有 3 000 多位邻居加入了会员。为了提高自身的服务质量，张三给自己设定的目标是"年底给所有会员发放和回收调查问卷，保证会员满意度达到100%"。

要评估张三的这个目标是否达成，需要设计调查问卷，向3 000人发放和回收调查问卷，同时要保证3 000人全部正确填写，还要回收和统计。评估目标的工作量巨大，属于评估成本较高的目标。张三不如将目标改为"每年会员零投诉"，这样可以省去大量的评估成本。

设定目标时，要让实现目标和评估目标的成本控制在可接受的范围内，没必要为了实现或评估某个不重要的目标而付出过多时间和精力。

4. 高贡献度

高贡献度指的是实现当前目标对实现期望实现的更大目标应具备比较高的贡献度。如果目标的贡献度低，则代表耗费了时间却没有为实现更大的目标服务，是无效的目标。

例如，张三的语言表达能力一直比较差，不敢在公开场合讲话。不少事情自己心里很清楚，却不知道如何表达出来。为了提高自己的语言表达能力，张三给自己设定的目标是"每天看30分钟公开演讲的视频"。

每天看别人演讲的视频虽然在一定程度上有助于提高语言表达能力，但提升效果并不明显。要提升语言表达能力，最好的办法是不断练习，与其每天看30分钟别人的公开演讲视频，不如自己每天尝试在公开场合练习演讲30分钟更有效。

设定目标时，要尽可能让小目标比较直接地为大目标服务，让小目标对大目标有更高的贡献度。

要检验目标的质量，除了用SMART原则检验表外，还可以用目标质量检验表，如表3-2所示。

表3-2　目标质量检验表

目标	1 可控性	2 可实施性	3 低成本	4 高贡献度	结论
A					
B					
C					

应用目标质量检验表时，在表格最左端的 ABC 处填写目标，每个目标对应4个维度的判断，可以用"高、中、低"3个层级来表示，也可以用"5、4、3、2、1"从高到低的5个分值来表示，还可以用"是"或"否"来表示。

目标很可能在成功者那里

曾有个朋友找笔者做咨询，她出身中医世家，做了几年医生后，和同为中医的父亲一起创业开了家中医馆，选址在当地最繁华的商业街，专治不孕不育。中医馆开了几年后，因为收入过少，成本过高，入不敷出，关店歇业了。

调整后，她又开始创业，定位和原来一样，依然开中医馆，依然专治不孕不育，只不过这次开在了租金比较低的地方，但顾客依然较少。为了增加流量，她开设了网诊渠道，可依然没有很好地解决问题。

笔者问她："全国有没有专治不孕不育的中医馆做得比较成功的？"

她说："没有。"

笔者惊讶地问她："那你为什么要选择中医馆＋专治不孕不育这个组合呢？会不会是这个领域本身市场空间太小，不足以支撑你的经营呢？"

她说："应该是这个原因，中医馆＋专治妇科病这个领域应该市场空间会更大一些，营业情况应该会更好一些。"

笔者问她："那你为什么不选这个领域呢？"

她说："很多专治妇科病医院的营销方法和运营模式我无法认同，不想做成那样。我是个医生，有自己的理想，不想把自己搞得像个商人一样。"

笔者说："你的愿望很好，如果你是在某个医院做医生，这么想没有任何问题。可你现在是创业状态，在这份事业上，你要站在企业家的角色上思考，这应该是第一位的，医生可以是你第二位的角色。"

她沉默了一会，说："好像确实是这样。"

这个咨询笔者的朋友有些理想主义，她对事业和未来有自己的目标，然而这个目标完全是她自己想象出来的，而不是现实中存在过，证明可以做的。理想主义有时候是好事，可以让人拥有梦想；但也有时候是坏事，容易让人陷入"不切实际"或"想当然"之中。

她认为按自己的逻辑，能把生意做起来，可以实现经营目标，但市场怎么可能去迎合某个人的想法？从古至今能从市场上赚到钱的人，都是那些顺应市场规律，懂得迎合市场诉求的人。

她要做的，是先冲破自己的思维局限，把自己抽离出来，让自己站在更高维度，不带任何价值观地去看当下状况，判断自己到底应该做什么，到底应该定什么样的目标。

其实，如果不知道自己该怎么做，那就找一个或几个自己未来想成为的成功者作为标杆和目标。研究这个人或这些人的定位和做法，结合自身情况设计自己的路线和做法，是最正确的策略。

千万不要想当然，不要理想主义，不要认为自己比那些成功者更高明。

笔者曾经有超过10年连锁零售行业的高管工作经验，笔者任职的两家公司，一家是历史超过100年的世界第三大零售公司；另一家也是某大型A股上市公司。

这两家公司的成功经验告诉笔者，当某人开第一家店比较成功，要想开第二家店也成功的最好办法是学习和复制第一家店的模式。这是世界上所有连锁零售业在跨地区、跨国界开店的情况下，还能保证盈利、基业长青的秘诀。

但如果某人还没开第一家店，想开店，如何做能最大概率成功呢？最好的办法是学习那些已经成功的同类店的做法。先搞清楚那些成功的店是怎么做的，参考模仿，照着做，再视情况迭代升级。

有个朋友开了一家店之后生意不好，问笔者该怎么办。

笔者问她："你同城的同类店中，做得最好的那家店你有没有研究过？那家店为什么做得好？你可以对标那家店。"

她说："因为那家店在当地有X资源，所以能成功。我没有，所以没成功。"

笔者又问她："那个店是不是连锁的？在别的城市开店成果怎么样？"

她说："在好几个城市开得都挺成功的。"

笔者问："那这家店在别的城市也是因为有X资源才成功的吗？"

她说："不知道，不过应该不太可能每个城市都拥有 X 资源。"

笔者说："那看来 X 资源也许并不是开这类店成功的决定性要素。你有没有研究过这家开得比较成功的连锁店是怎么选址、怎么做商圈分析、怎么做顾客分析、怎么获客、怎么做产品管理、怎么设计定价策略、怎么做服务管理的？"

她说："从来没研究过，也从来没想过这些问题。"

笔者说："那看来问题在你，你只知道别人是成功的，只看到别人成功的片面因素，却没有仔细研究别人成功背后的方法。"

把成功者做成这件事的方法提炼出来，往往对自己做成这件事有巨大帮助。当成功者能连续把某件事做成，这时候做成这件事的方法一定是非常宝贵的，一定是值得学习的。

中国餐饮连锁行业中有这样一种现象：老板基于某项配方或技术，开发出某种餐饮品类，创立起某个连锁餐饮品牌。不久后，跟着老板创业的高管离职，很快就能做成一个和这个老板极为相似的餐饮品类，口味相似，装饰相似，定位相似，连店名都极为相似。

很多人以为配方、技术或产品是这个餐饮品类成功的关键，实际上未必。配方、技术和产品都可以模仿，但餐饮店能不能开成功，与选址、定价、管理、服务等一系列运营模式相关。之所以餐饮连锁企业的高管能自己开店成功，是因为其掌握了这套运营模式。

不论任何领域，想取得成功，参考答案都在成功者那里。不要只看到成功者表面的成功，要研究成功者成功背后的模式。

如何获得成功者背后模式的信息呢？

1. 亲自向成功者请教。

2. 如果第 1 点无法执行，找成功者的身边人，例如爱人、亲戚、合伙人、股东、朋友、员工，并向其请教。

3. 如果第 1 点和第 2 点都无法执行，从商业逻辑上研究成功者的模式。

不论采用哪种方式，都要牢记一个关键词——"主动"。方法不会自己长腿跑过来，需要你主动去寻找和发现。

不要再拍脑袋、想当然地给自己设定目标了。设定目标前，先主动出击，研究成功者的模式，才能保障目标落地，得以实现。

4

分解目标：
先实现小目标，再实现大目标

第4章

有的目标比较宏观，很难一蹴而就，这就需要对目标实施分解，将难以实现的大目标分解为一个个可以实现的小目标。要实现大的目标，就要先从小的目标开始。当小目标实现后，大的目标也将得以实现。

新东方创始人俞敏洪说："我从来不是一个有一辈子规划的人，但我会对人生每个阶段的小目标有明确的设定。当大的目标被分解，小的目标实现时，梦想就离你越来越近了。"

4.1 由大变小：自上而下拆解目标

当目标比较宏观时，需要将目标逐级向下层层分解，将大目标分解为小目标。目标分解的过程通常是自上而下地拆分、调整、沟通和确认的过程。通过这一系列过程最终确认的目标，能够保证宏观目标得以实现。

需要注意的是，宏观目标拆解到微观目标的过程容易出现目标错配问题，就是微观目标不能为实现宏观目标服务。这种情况除了需要在设计微观目标时把好关之外，还要把宏观目标到微观目标的推导过程用图示或数字的形式表达清楚，厘清其内在逻辑。

例如，张三想实现年收入 24 万元的目标，如何拆解呢？要实现税前年收入 24 万元，每月收入就要达到 2 万元，每天收入要达到约 658 元。通过简单的计算，就能把年收入的目标拆解到每月的收入和每天的收入。

接下来，张三就要思考如何实现月收入 2 万元和日收入 658 元了。假设张三是个职场人，每月工资为 1 万元，目前没有其他收入。这种情况下，张三要实现月收入 2 万元的目标，有 4 种方式。

1. 每月通过副业额外收入 1 万元。

2. 寻找升职加薪的机会，让自己的月工资达到 2 万元。

3. 辞职找新的工作，让自己的月工资达到 2 万元。

4. 辞职创业，让自己的月收入达到 2 万元。

具体选择哪一种方式来实现目标，张三可以根据自身情况决定。通过将大目标变为小目标，张三可以发现实现目标的途径。

这个原理在企业管理中同样适用。例如，某集团公司年底制定第二年的销售收入目标是 200 亿元。该集团公司的销售部门分设 5 个子部门，分别对应着五大区域的销售市场开发工作。每个大区根据自身的业务情况，分解这 200 亿元的公司目标。

往下分解，根据每个业务销售经理和每个业务员的情况，最终落实到个人层面，就变成了每个业务员的个人目标。这样每个业务员身上都有了具体的、可量化的业务目标，每个人身上都有任务目标。如果所有业务员都完成目标了，那么公司的目标也就达成了。

某集团公司目标分解过程的演示如图 4-1 所示。

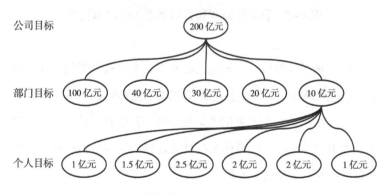

图 4-1　某集团公司目标分解过程的演示

在企业中，按照年度、季度、月度的时间维度，以及企业、部门、岗位的空间维度，可以将目标由宏观的目标和计划逐层分解成微观的目标和任务，如图 4-2 所示。

图 4-2　目标按时间和空间维度的分解示意图

自上而下分解目标，既包括从公司到岗位这种部门维度的分解，也包括从年度到月度甚至到天的时间维度的分解。

笔者在和 IBM 公司咨询团队共事时，有位 IBM 的高管告诉笔者，在 IBM，每一天要做什么都是有目标的，这个目标是根据公司目标一级一级推演下来的。

如何推演呢？

在 IBM 总公司，战略管理部门会规划 3 年后 IBM 的股价将达到多少。根据 3 年后的股价，推演 IBM 3 年后的业绩要达到什么水平，市场影响力要达到什么状态，要开展哪些业务才能让公司达到这种状态，这些目标都要明确。

再往下分解推演，是根据 IBM 3 年后的情况，推演未来 1 年的情况，而且要把未来 1 年的情况分解给全球不同的分公司。根据全球不同分公司的情况，再向下分解，分解到不同的事业部、不同的部门、不同的岗位身上。

根据这个目标的推演分解，IBM 不仅能布局出面向未来的业务方向，甚至还能分解出一些岗位需要在什么时间，增加什么类型的人才。通过这种方式，像 IBM 这样的百年企业，就能实现提早采取行动，占领先机，保持业绩持续稳定。

有时候我们会从新闻中看到 IBM 的裁员信息，诸如 IBM 的某个业务板块又被收购了。有人会猜测 IBM 是不是快"倒闭"了？实际上，IBM 的业绩一直比较稳定，这种新闻多是与 IBM 公司未来的战略规划相匹配的。

例如，IBM 曾经一度是世界上最赚钱的计算机硬件公司，后来 IBM 的计算机硬件业务被联想公司收购。很多人误以为是 IBM 总公司被联想公司收购，以为 IBM 成了强弩之末。实际上这是 IBM 卖掉低附加值的业务，转做高附加值产品战略的体现。

对 IBM 来说，出售计算机硬件业务这个决策是非常英明的。当然，当时的联想公司也不是"冤大头"。联想公司当时处在整合全球计算机硬件供应链、打造全球品牌的发展阶段。收购 IBM 在计算机硬件方面的业务，对联想公司来说也是正确的，所以这是个可以实现双赢的战略收购。

IBM 经过对每个岗位的战略目标分解后，可以把每个岗位的战略分解到月目标、周目标、天目标甚至每个小时的目标。

总之，自上而下分解目标，就是将大目标分解成小目标，将远期目标分解成近期目标，将组织目标分解成个人目标，并通过实现分解后的小目标，最终实现大目标。

4.2　由难变易：平行扩展延伸目标

目标除了可以自上而下按照层级分解外，还可以按照某种逻辑平行分解，让难以实现的目标变成相对容易实现的目标。平行分解目标的方法没有固定套路，要视具体情况，按照时间逻辑、空间逻辑、因果逻辑等展开。

例如，笔者曾经为某公司设计培训管理体系建设。此前，那家公司从没有通过培训系统化地解决过问题。

公司的总经理在接受了笔者团队关于每一场培训都应当有培训目标的理念之后，认为既然已经建设了培训管理体系的，那么就可以用培训解决任何问题了。

当时正值该公司有作业环境问题，员工工作现场的作业环境较差，不论是生产车间的工作环境还是办公室岗位的工作环境都有待改进。总经理希望员工能按照 5S 管理的原则来管理作业现场。

这时候，组织层面的目标就有了，总经理希望——通过培训来改变员工的日常行为：期望员工在培训后，现场管理能够达到 5S 的要求。检查评估的结果达到 90% 合格就算目标达成。

于是总经理把培训目标设置成了让员工学会 5S 管理。然而也正是这里出现了问题。

这个目标符合 SMART 原则吗？

显然不符合。为什么呢？

1. 什么叫学会 5S 管理？如何定义？如何确定学会了的标准？

2. 用多长时间让员工"学会"？什么时候评估？

3. 员工学会了就有用吗？如果员工学会了，但行为不改变怎么办？很显然，公司要的结果是让员工行为转变，而不仅是学会。

在笔者向总经理提出这些问题之后，总经理把培训目标改成了"在一次 2 小时的培训后，彻底改变员工的行为，让所有员工的现场管理水平能够达到 5S 管理的要求"。

这个目标符合 SMART 原则吗？

显然也不符合。为什么呢？

按照 SMART 原则，能够发现这个培训目标是不现实的，公司可以把这个目标当成组织层面的长远目标或愿望来努力。

人们行为的改变是一个长期的过程，不能一蹴而就。所以，公司在实施培训和设置培训目标的时候，要分时间段、分步骤实施。

笔者给出的建议是，把这项培训分成 3 段，设置成 3 次不同目标的培训课程。这 3 次培训课程可以在 3 个时间段分别进行。这 3 段课程的逻辑分别是：是什么、为什么和如何做。

第 1 阶段

这个阶段的培训课程可以向员工介绍 5S 管理的概念和原则。

这个阶段培训的主要目的是向员工传授 5S 管理的知识，也就是告诉员工 5S 管理是什么。这次培训的目的是让员工能够熟练掌握 5S 的基本概念和原则，具体目标可以设置成：培训结束后，员工能够准确陈述什么是 5S 管理，以及 5S 管理的原则。

第 2 阶段

这个阶段的培训课程可以向员工介绍 5S 管理对员工和企业的好处。

这个阶段培训的主要目的是让员工转变态度，认可 5S 管理的理念和精神，也就是告诉员工为什么要做 5S 管理。这次培训课程的目标可以设置成：培训结束后，员工赞成 5S 管理理念，并决定主动实施 5S 管理。

第 3 阶段

这个阶段的培训课程可以向员工介绍不同的岗位如何做好 5S 管理。

这个阶段培训的主要目的是让员工知道 5S 管理的正确做法，即如何做好 5S 管理。这次培训的目标可以设置成：培训结束后，员工能够调整现有的作业环境，使之达到 5S 管理的要求。

经过这 3 个阶段的培训目标分解，公司将会相对容易实现最初的目标。我们在操作平行目标分解时，应视具体的场景和情境采取相适应的逻辑。

4.3 由远及近：按时间逻辑展开目标

弱者总是抱怨前天，后悔昨天，不满今天，等待明天，害怕后天。

强者则是感谢前天，总结昨天，把握今天，追求明天，不惧后天。

除了按照因果逻辑分解目标外，还可以按照时间逻辑分解目标。

分解目标时，要根据时间点的不同，设定不同周期的目标。根据时间长短不同，目标可以分成远期目标和近期目标。远期目标一般以年为单位，近期目标可以以季度、月度、周、日甚至小时为单位。

在设计目标时，应当先设计远期目标，再根据远期目标分解出近期目标。近期目标来源于远期目标，是由远期目标推导而来的，是为达成远期目标服务的。

越远期的目标，应当越关注一些宏观的、模糊的、长远的、愿景类的事物；越近期的目标，应当越关注一些微观的、具体的、短期的、可操作、可执行的事物。

按时间逻辑分解目标的方法如图 4–3 所示。

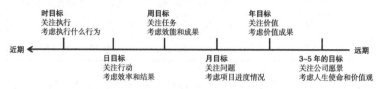

图 4–3　按时间逻辑分解目标的方法

在设计 3~5 年的目标时，要关注自己的人生使命和价值观。这是远期的、模糊的目标，也是近期目标的来源。

在设计年度目标时，应在考虑 3~5 年目标的基础上，关注自己能取得的价值成果如何与 3~5 年的目标匹配。

在设计月度目标时，应在年度目标的基础上，关注一些相对具体的问题和一些项目的开展情况。

在设计周目标时，应在月度目标的基础上，再进一步分解，要更关注一些具体的任务，关注更具体的效能和结果。

在设计日目标时，应在周目标的基础上，更关注具体的行动，要关注行动效率和每天的成果。

如果需要设计每个时间段的目标，应更加关注执行的具体行为。

在职场中，不同管理层级目标周期的特点有所不同。一般越往高层，越关注长期目标，目标管理的周期可以越长；越接近基层，越关注短期目标，目标管理周期应当越短。

不同管理层级目标周期的特点如表 4-1 所示。

表 4-1　不同管理层级目标周期的特点

管理层级	目标周期特点	目标周期参考维度
高层管理者	更关注长期目标	年度 / 半年度 / 季度
中层管理者	更关注中期目标	半年度 / 季度 / 月度
基层管理者	更关注短期目标	月度 / 季度 / 周度

同样，不同的岗位类型，对应的目标周期也有所不同，如表

4-2 所示。

表 4-2　不同岗位类型目标周期的特点

岗位类型	目标周期特点	目标周期参考维度
运营类岗位	更关注中短期目标	天 / 周度 / 月度
营销类岗位	更关注中短期目标	月度 / 季度 / 半年度
技术类岗位	更关注中长期目标	季度 / 半年度 / 年度 / 按项目周期
生产类岗位	更关注中短期目标	天 / 周度 / 月度
行政类岗位	更关注中短期目标	周度 / 月度 / 季度

4.4 找准原因：按因果逻辑推导目标

在遇到问题时，可以用因果逻辑发现问题的逻辑，通过解决问题来分解目标。要做到这一点，我们需要具体情况具体分析，深入挖掘各目标之间的关联关系后，再进行目标设计。

很多时候，要实现大目标，需要不同的目标支持。体现在公司层面，就是实现公司的目标，需要各部门目标的支持。

例如，有一家销售公司位于某城市的分公司，在成立的 2 年间发展速度迅猛。为了快速扩大市场份额，经过充分的调研和讨论后，总经理决定把明年的销售业绩目标设置为增长 30%。

为实现这个目标，公司需要对目标分解，形成具备可行性的目标和行动。为此，人力资源部牵头在公司推广和实施目标的分解过程。

人力资源部首先从人的角度，制定了 3 个目标。

1. 把销售队伍的年度流失率从当前的 20% 降低到 10%。

2. 把销售人员的招聘满足率从 80% 提升到 90%。

3. 把销售人员的转正率从当前的 70% 提高到 80%。

为什么要制定这 3 个目标呢?

因为销售人员不稳定，人才补充跟不上，降低了业务成交的可能性。在企业招聘能力一定的情况下，销售人员越不稳定，销售人才的招聘满足率将会越低，人才的培养也将越跟不上，将会直接影响公司的业绩。

销售人员的转正率与销售新人在试用期内的业绩直接相关。销售人员业务能力和工作方法有问题，将造成业绩无法提升，不仅会影响员工的提成工资，还会导致员工无法转正。员工不能转正，基本工资的水平也比较低。基本工资低、提成工资低又会进一步影响销售人员的稳定性，增加流失率。

所以，这样就会形成一个人才的恶性循环，如图 4-4 所示。

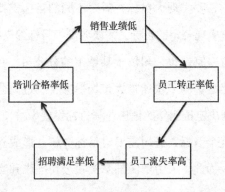

图 4-4　人才问题恶性循环示意图

这 3 个目标可以基于因果逻辑进一步分解。为了实现这 3 个目标，人力资源部与各部门协商后，又制定了 4 个具体落地的目标。

1. 销售人员初始客户的完成率达到 100%。

2. 销售人员新员工培训通过率达到 100%。

3. 产品推介会从 2 个月 1 次增加到 1 个月 1 次。

4. 招聘渠道由现有 5 种扩展为 8 种。

销售人员挖掘初始客户是该公司培养和开发新销售业务员的一种方式。在销售新人正式上岗之后，部门主管会要求新人在一张纸上写出 50 个人的名字以及和他们与自己的关系。这 50 个人要从身边人开始写。

写完之后，销售主管会根据自身的经验以及对年龄、职业、地域、经济条件等背景条件的判断，和新人一起逐项梳理这 50 个人里面哪些人是潜在客户，哪些人不是，然后剔除不是潜在客户的人名，接着让新人继续补充，直到凑齐 50 个潜在的客户的名单。

之后销售主管会让新人拿着这份名单，逐个拜访这些潜在客户。不过如果在拜访时直接说自己是来卖产品的，不仅产品卖不出去，还会引起对方的反感或防备。那怎么办呢？

这时候，第 2 个目标就发挥作用了，也就是新员工培训的通过率要达到 100%。

该公司在新员工培训过程中，会对新员工初次拜访客户应该用的策略和话术做详细的介绍，让新人能够快速学会并掌握。但之前的新员工培训更注重教学，不注重评价和检核，没有模拟检验的环节。

培训结束后，人力资源部并不能清楚知道参训学员的掌握情况和应用情况如何。所以，必须做出改变，在新员工培训中加入检核的过程。对没通过检核的销售新员工实施复训和练习，保证通过率达到100%。

销售新人在拜访潜在客户时，不是一见面就聊产品销售，而是在和对方寒暄开场后，介绍一些理财相关知识。因为人们天生会对给自己带来收益和价值的事情比较感兴趣，所以开场可以介绍一些高收益、低风险的理财知识。

第一次见面，聊完理财知识后，新人也不是马上介绍产品，而是邀请客户来参加活动。这个活动是关于理财知识的免费分享，学习后会增加人们的理财常识。当然，作为"广告"，在会议过程中，会有该公司产品的具体介绍。

对于新人来说，最重要的工作其实不是直接销售产品，而是把有购买潜质的客户介绍到这个会议中来。由专业的讲师在介绍理财产品的时候，把自己公司产品的优势和必要性全部介绍清楚，增加客户成交的机会。

这个会议对外部客户而言，是理财知识的免费分享会；对公司内部而言，就是第3点目标中提到的产品推介会。当目标中的前两点做到后，这种产品推荐会自然就可以从2个月1次增加到1个月1次。

最后，公司还要保证能有源源不断的新人加入到队伍中。所以这就需要把招聘渠道由现有的5种扩展到8种，提高新人的补充速度，提高招聘满足率。

通过 4 个目标的达成，将原来人才的恶性循环转变成一个良性循环，如图 4-5 所示。

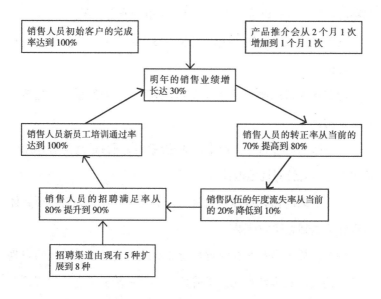

图 4-5　人才良性循环示意图

当要实现的目标与其他事项具有某种因果关系时，可以通过因果逻辑分解目标，找到阻碍目标达成的原因，并针对这些阻碍进行针对性的分解目标，从而达成期望达成的目标。

4.5　三层分解：解决问题分解目标

当我们遇到某个具体问题，采取解决问题为导向来设计目标时，如果问题可以向下分解，可以用三层级目标分解法。三层级目标分解法的本质是把问题从宏观分解到微观。根据实际情况，问题层级的划分可以是三层，也可以是更少或更多层。

三层级目标分解法是把待实现的目标向下分解为流程目标和任务目标。

待实现的目标通常对应着某个具体问题，当然也可以是传统意义上的目标。

下一级的流程目标，通常是对达成待实现目标起关键作用的流程，应当有针对性地做什么。

再下一级的任务目标，通常是为了达成流程目标而需要具体工作任务达到怎样的结果。

例如，某大型餐饮企业近期营业业绩有所下滑，分析后发现是到店消费的顾客数量明显下降所致。进一步分析后，发现顾客减少的原因是顾客的满意度明显下降。

该企业前 3 年平均的顾客满意度能达到 95%，可近期的调研数据结果出来后，店长很吃惊，顾客满意度竟然只有 85%，减少了10%。

针对这一情况，店长制定了待实现的目标：要把顾客满意度由 85% 提高到 95%。可仅仅这样设定目标，并不能保证目标的实现。接下来还需要从流程层面对待实现的目标进行拆解。

为此，店长深入调研了顾客满意度低的原因。结果发现，顾客满意度低的原因主要在于两个方面。

1.上餐时间较慢，顾客等待时间较长。

2. 相同菜品口味不一致，有时偏咸，有时偏淡。

对于上餐慢的问题，店长通过对流程的梳理，发现在用餐高峰期，店内顾客从选好餐到上餐的平均时间是 30 分钟，而该店之前基本能保证 20 分钟内上餐。

于是店长把这项流程目标定为：在用餐高峰期，上餐时间由当前平均 30 分钟提升到平均 20 分钟。

如何实现这个流程目标呢？这就需要有具体工作目标的支撑，接下来要对流程目标涉及的具体流程进行分解。

顾客从点餐到上餐之间流程的第一步是前台服务员接待；第二步是厨师制作菜品；第三步是服务员上菜。店长通过分析这三步，发现第三步和第三步基本没问题，也没太大改进空间。目前耗时最长、最需要也最可能减少时间的环节是厨师制作菜品的环节。

店长调研后发现，当前厨师平均制作一个菜品的时间是 4 分钟。为了实现流程目标，这个时间必须缩短。于是店长想把这项任务目标定为：厨师平均制作一个菜品的时间由原来的 4 分钟缩短到 2 分钟。

具体如何实现呢？

店长发现，大厨在开餐前，对所有菜品提前备半成品的比例是 70%。经过与厨师长沟通，发现从当前餐厅的菜品种类，以及每天点餐的菜品频率来看，可以把菜品提前备半成品的比例提高到 75%。

店长对这个提升比例并不满意，于是和厨师长又进行了深入分析和挖掘，发现当前上菜速度慢的另一个原因，来自餐厅新上的一批新品菜。这些新品菜虽然口味比较好，但制作时间比传统菜更长，原因一是现有厨师对新品菜的制作流程不熟练；原因二是新品菜的制作流程比传统菜更复杂，耗时更长。

店长再深入挖掘，发现这些菜品是厨师长外出学习后带回来的一系列新品。厨师长回来后只对厨师进行了技能传授，并没进行适合餐厅大批量、高速度制作条件的改良。

经讨论，发现有 15 种菜的制作工艺可以改良。改良后，店长决定把提前备半成品的比例，提高到 85%。

对于菜品口味不一致的问题，店长发现问题主要也都出在这些新品菜上。于是店长同厨师长协商，决定把菜品制作流程 100%标准化，标准化菜品的原材料的重量、调味料重量，而且量具要精确且方便厨师操作。

经过以上这一系列环节，店长就把目标从组织、流程和任务3 个层面进行了细化和分解，让目标更加清晰和明确，其逻辑关系如图 4-6 所示。

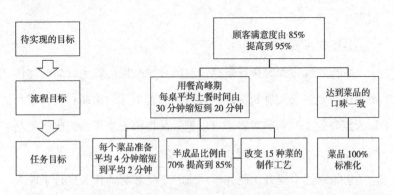

图 4-6 某餐饮企业目标分解示意图

按照这个目标分解逻辑定出的任务目标，能够充分满足流程目标；流程目标也能够充分满足待实现的目标。对于这 3 个层面的目标，店长可以将其对应到相应岗位，找到具体责任人，成为该岗位、该责任人一段时期内的目标。

4.6 价值结构：达成业绩拆分目标

当要实现某类业绩时，可以采用价值结构目标分解法对价值目标进行层层分解。这里的价值目标可以是实现某项效益，提高某项效率，降低某项成本或某项风险。

通过价值结构目标分解法，我们可以将业绩目标细分成不同的目标，再通过将这些细分目标分解到不同岗位，保证业绩目标得以实现。

价值结构目标分解法可以帮助我们分析和厘清现状，找到大目标和小目标之间的相关性，不仅能够快速地拆解目标，而且有助于发现问题，找到薄弱环节。

实施价值结构目标分解法的步骤如下。

1. 找到价值的产生流程。

2. 总结该流程中涉及的关键过程和控制点。

3. 用这些关键过程和控制点画出价值结构图。

4. 以关键过程和控制点为核心设置分解后的目标。

以某实体连锁店的价值结构目标分解为例。

第 1 步，明确实体连锁店的价值流程。

实体连锁店的价值产生流程是顾客来到店里购买商品。多名顾客到店，或相同顾客重复到店产生的购买量，给连锁店提供销售额，产生价值。

第 2 步，总结价值流程中的关键控制点。

实体连锁店关键流程中有 4 个核心。

1. 要有顾客，也就是客流量要大；

2. 顾客到店后，要形成有效购买行为，也就是成交率高；

3. 顾客购买的商品最好足够多，也就是客单价要高；

4. 之前购买过商品的顾客最好可以形成重复购买。

第 3 步，画出价值结构图。

根据第 2 步中总结的关键流程中的 4 个关键控制点，画出价值结构图，如图 4-7 所示。

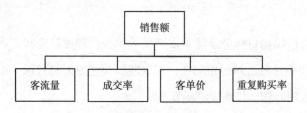

图 4-7　某连锁店价值结构分解图

第 4 步，设置目标。

通过对价值结构图的梳理和绘制，可以清晰地看出实体连锁店最顶层的价值结构是如何形成的。

价值结构就好像是影响事情发展的价值链条，通过对目标价值结构的梳理，目标可以用加减乘除的公式表现出来，例如：利润额＝收入－成本；毛利额＝销售额 × 毛利率；成交率＝成交客户数 ÷ 总客户数等。

按照价值结构分解法的逻辑，可以将价值结构向下进一步分解。

某线下实体零售店的目标是追求利润最大化，为此，该店以利润为价值目标，将利润逐级分解，如图 4-8 所示（注：为举例说明，每向下 1 级仅分解部分目标）。

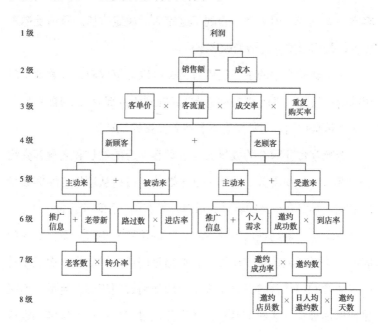

图 4-8　某线下实体零售店的价值结构分解图

因上一案例已说明前 3 级的价值结构分解逻辑，本案例从第

4 级对客流量向下分解说明。

该店的客流量由两部分组成的，一部分是新顾客，另一部分是老顾客。增加这两项中的任何一项，都可以增加客流量。要增加新顾客或老顾客数量，还需要进一步细分。

新顾客可以分解成主动来店者和被动来店者两部分。老顾客可以分解成主动来店者和受邀来店者两部分。增加这 4 项中的任何一项，也都可以增加客流量。

所谓主动来店者，指顾客主动上门。所谓被动来店者，指顾客本不想到店，但无意中看到了这家店后决定进店。所谓受邀来店者，是门店主动邀请老顾客来店。

对于新顾客中的主动进店者，又可以分解成新顾客看到了门店的推广信息后进店和老顾客带新顾客到店两部分。此时能看出，门店宣传推广信息对新顾客增长有着直接的推动作用。

老顾客带新顾客的数量又与老顾客本身的数量和老顾客介绍新顾客来的比率有关。要增加这个数值，可以从增加老顾客数量或增加老顾客介绍新顾客来店后对老顾客的奖励两个方面入手。

新顾客中被动进店者通常和门店的位置有很大关系，因为门店位置决定了人流量，增加了人们路过门店的可能性。而主动进店者通常和门店位置关系不大。只增加路过门店的人流量并不能保证增加被动进店顾客数量，还需要通过门店门口的装饰、宣传等吸引顾客以提高进店率。

对于老顾客中的主动来店者，可以分成因门店的推广信息进店和因个人需求进店。在这里同样能够看出宣传推广信息的重要性，其既能影响新顾客的到来，又能影响老顾客的到来。

受邀来的老顾客，与邀约成功的数量和最终实际到店的比率有关。邀约成功的数量与通过电话或社交媒体进行邀约的数量与邀约的成功率有关。邀约数量与参与邀约的店员数量、日人均邀约数量和邀约天数有关。

要提高邀约成功数，可以通过增加邀约活动的力度和吸引力，来增加邀约的成功率和邀约成功后的实际到店率；也可以通过增加参与老顾客邀约的店员人数、提高参与邀约店员的工作效率，来提升每个店员每天的邀约数量，或增加店员的邀约天数，进而提升邀约数量。

当根据客流量延伸出来的更深层级的流程和关联目标间的关系被深度挖掘出来后，对更深层次的流程层面、任务层面的目标设置就变得非常清晰了，而且可以把这些目标分解到部门和个人层面。

价值结构图一般有两种画法，一种是还原现有做法；另一种是借鉴标杆经验。还原现有的做法，就是根据当前做法，梳理当前的价值结构。借鉴标杆经验，就是认为当前做法有问题，通过梳理和学习标杆的做法，改善当前做法。

4.7 完成战略：实现愿景安置目标

愿景不等于战略。愿景通常是模糊的，要实现愿景，需要有清晰的战略，要完成战略则需要有具体的目标。

愿景可以指出大致的方向，战略需要落实到具体行动。如果要以达成战略为导向设计目标，可以运用战略地图目标分解法，而以实现愿景为导向设计目标也可以用战略地图目标分解法，将比较虚的愿景分解成比较实的战略目标。

战略地图目标分解法是描述和分解战略的工具，它是在愿景指引下，通过画战略地图的方法分解战略，将目标层层分解，保证各层级目标之间保持因果关系和递进关系。当各层级目标全都达成之后，组织的战略和愿景也得以实现。

要做战略地图，适合用平衡计分卡（BSC，Balanced Score Cards）。平衡计分卡的核心思想是通过财务（Financial）、客户（Customers）、内部经营过程（Internal Business Progress）、学习与成长（Learning And Growth）4 个方面相互驱动的因果关系，展现出组织的战略轨迹，如图 4-9 所示。

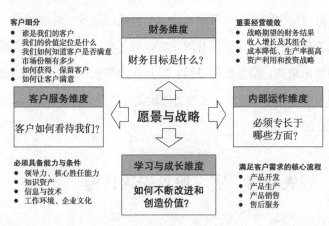

图 4-9　平衡计分卡示意图

平衡计分卡中的每项目标都是一系列因果关系中的一环，通过它们把战略和相关目标联系在一起。平衡计分卡被广泛地应用于企业的战略管理和经营管理领域。

许多企业有了战略却不能成功执行，往往是因为不能全面清晰地描述战略，造成员工不了解战略或不了解战略与自身岗位之间存在什么关系。战略地图最大的好处除了让员工了解企业战略外，还能让战略目标和员工目标做强关联。

战略地图目标分解法的实施步骤如下。

1. 根据愿景确定战略目标。

2. 将战略目标按某个逻辑分解到平衡计分卡的不同层级。

3. 把最终想要达成的结果放在图形的最顶端。

4. 把其他支持目标分别列在各自对应的层级中。

5. 把各个目标间的因果关系用线连接。

6. 描述最终目标与其他层级目标之间的关系。

例如，某公司某年的战略目标是追求净利润最大化，按照平衡计分卡（BSC）中财务、客户、内部流程和学习发展 4 个维度的分解逻辑，将与净利润直接关联的目标分解如图 4–10 所示。

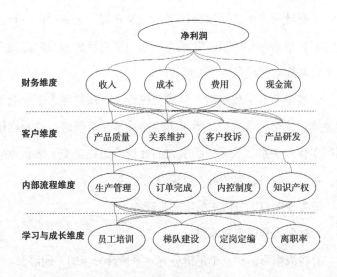

图 4-10　某公司净利润目标分解示意图

再来看一个案例。国内某大型连锁药店快速发展，如今已经发展成全国名列前茅的连锁药店品牌。该公司在发展过程中，运用了战略地图的概念，将公司的战略目标层层分解，分布落实，取得了较好的经营成果。

该公司某年的战略地图如图 4-11 所示。

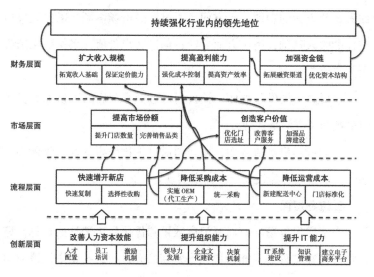

图 4-11　某公司某年的战略地图示意图

1.财务层面

扩大收入规模是该公司最重要的目标。作为连锁药品零售企业,该公司首先需要在销售量上下功夫,同时必须保证一定的定价能力。

盈利是该公司第二位的需要。只有当盈利能力得到保证时,才能在收入增长、资金保证两个方面都取得理想的均衡状态。提高盈利能力需要在成本控制、资产效率上下功夫。

在资金链问题上,该公司通过拓展融资渠道和优化资本结构两种方式来保障。

2.市场层面

为了实现财务层面上收入规模的扩大,该公司需要在市场层面做足两方面的功课。一方面，通过提高市场份额，来保证公司整体的收入基础；另一方面，通过创造客户价值，来保证在销售上的定价能力。

在提高市场份额方面，该公司通过提升门店的数量和完善销售品类两个方面来实现。

在创造客户价值方面，该公司通过优化门店选址、改善客户服务、加强品牌建设三个方面来实现。

3. 流程层面

为了实现市场层面提升门店数量和优化门店选址的目标，该公司必须在流程层面能够快速增开新店。在门店扩张中，该公司没有采取连锁加盟的形式，而是全部采用了自营。该公司一方面实现自身快速复制，另一方面有选择地进行收购。

财务层面要求的强化成本控制，在流程层面通过降低采购成本、降低运营成本两方面来实现。

在降低采购成本方面，该公司通过实施 OEM 和统一采购两方面来实现。

在降低运营成本方面，该公司通过新建配送中心和门店标准化两方面来实现。

4. 创新层面

为了对财务层面、市场层面和流程层面形成支持，在创新层面，该公司需要做好改善人力资本效能、提升企业能力、提升 IT 能力三方面的工作。

公司在人力资本方面的努力反映在人才配置、员工培训、激励机制三个方面。

在提升组织能力方面的努力体现在领导力发展、企业文化建设和增强决策机制三个方面。

在提升 IT 能力方面的努力体现在 IT 系统建设、知识管理和建立电子商务平台三个方面。

经过战略地图目标分解法，该公司可以将愿景落实到战略目标，再将战略目标落实到部门目标和岗位目标。当所有部门目标和岗位目标得以实现，也意味着公司的战略和愿景最终实现。

通过平衡计分卡运用战略地图目标分解法，可以帮助我们实现愿景，完成战略。当然，这种方法并不限于组织层面的应用，在个人成长层面也可以被有效应用，后文中会具体介绍。

用 BSC 做规划实现个人目标

不要怕自己起点低或身处低谷，人生不是直线跑步，除了比速度，还要看路径，暂时落后不要紧，只要设定好目标，做好规划，就算暂时落后，渐渐地也能逐渐赶上。

笔者以前跟别人讲过自己的规划，包括什么时候买房，什么时候买车，什么时候结婚，什么时候生孩子。

有朋友嘲笑笔者说："你是能掐会算啊？连生孩子也规划，别搞笑了。"

事实是，笔者买房和买车的目标不仅都提前完成了，而且没有动用家里一分钱。笔者结婚和生孩子的目标也都在预期年份完成了。这些都是意义重大的人生大事，为什么不能规划？

笔者办公室在一所高中附近，每天到了学生课间操，学校会放励志歌曲，大概是为了鼓励孩子们迎战高考吧。

在经常播放的励志歌曲中，《最初的梦想》给笔者的印象深刻。歌中有段歌词是这样的："最初的梦想紧握在手上，最想要去的地方，怎么能在半路就返航？最初的梦想绝对会到达，实现了真的渴望，才能够算到过了天堂。"

梦想这个词，用在不同场合，有不同定义。用在高考考场，梦想就是走入心目中那个大学殿堂的理想；用在竞技场上，梦想就是成为第一、夺取金牌的愿望；用在职场上，梦想就变成了实现职业发展规划的方向；用在创业上，梦想就是带领团队实现经营目标。

梦想是目标，实现目标需要规划，设计好路径。平衡计分卡（BSC，The Balanced Score Cards）不仅可以用在企业的经营管理中，在个人的目标规划中同样适用。笔者就是用这个工具为自己制订人生的目标与规划，如表4-3所示。

表4-3 人生规划表

规划维度	20X1 年	20X2 年	20X3 年	20X4 年	20X5 年
财务与理财					
学习与成长					
职业与事业					
生活与休闲					

1.财务与理财规划：笔者会规划每年的年收入要达到多少，如何投资或理财。

2.学习与成长规划：笔者会规划每年要学习什么知识，提升什么能力，看什么书，听什么课，考取什么证书。

3.职业与事业规划：笔者会规划每年职业上要发展到什么程度，什么时候开始副业，什么时候开始创业，什么时候开始扩张。

4.生活与休闲规划：笔者会规划每年在什么时候、去哪旅游，看什么类型的电影，尝试做一些什么样的户外运动等。

每个规划，都有相应的行动计划和所需要的资源支持。

刚开始用这个工具的前两年，笔者给自己定的目标相对比较近期、比较容易达成，当时所有目标的达成率保持在95%以上；后来笔者开始给自己制定更长远、更宏大的目标，经过努力，发现能保证80%以上达成率。渐渐地笔者发现，对于当时的自己来说想都不敢想的目标，后来竟然都完成了。

例如出书，如果现在笔者回头问10年前的自己："你觉得自己能出书吗？"

当时的笔者一定会说："出书？我这辈子要是能出一本书，就心满意足了。"

而如今笔者已经出版了30多本书。BSC工具不仅让笔者不断实现更高的目标，而且在实现目标时，让各种目标可以相互成就，同时不至于出现忽略学习和生活的情况。

运用BSC制定个人的目标与规划可以分成4步。

1. 闭上眼睛，问自己。想站在哪？想成为谁？想达到什么样的状态？那里有什么样的场景？这时只需要用心来确立自己最初的梦想，并把这个梦想写下来，不论这个梦想看起来有多不切实际。

2. 张开眼睛，看着自己的梦想，然后想好梦想的那个状态需要哪些能力，需要哪些资源，需要付出什么，需要放弃什么。

这步是看清梦想的样子。有人梦想成为职业经理人，那么就要看清楚职业经理人究竟是什么状态。既要看到职业经理人风光的一面，也要看到其心酸的一面，还要看到成为职业经理人背后的那些付出、坚持与努力。

3. 想清楚自己现在在哪，现在是什么样的状态。

这步是发现现状与梦想间的距离，找到那条路径。有的梦想很宏大，很长远，实现过程可能比较长，有的梦想则比较近。不论远期或近期，总有一条路径是通向梦想的，我们要做的，就是找到它、看到它。

4. 根据自己现状和梦想的状态，确立自己需要找什么人，需要做什么事，需要找哪些资源，需要主动学哪些知识。

这步是制订详细的学习和发展的行动计划。在通往梦想的路上，"打怪升级"是必须的。"打什么怪"要有计划性和行动力。通过行动提高自身素质和能力，寻找能帮自己的资源，才能实现梦想。

很多人不相信设定长远战略目标与规划的工具或方法，实际上是不会用，也没尝试去用，结果就做一天和尚撞一天钟。我们当然应该低头走路，但设定战略目标和规划可以帮我们抬头看天。在不断规划与努力、持续敢想敢做的循环中，我们可以收获成长的复利，成为更好的自己。

5

第5章

执行目标：
让目标落地的最快途径

当你无法从一楼直接蹦到 2 楼时，那就找到楼梯一步步走上去。多么简单的道理！但有趣的是，很多人发现自己一下子蹦不了那么高后，竟然连楼梯也不愿走了。要达成目标，离不开持续有效的落实执行。

著名企业家、石油大王洛克菲勒（John Davison Rockefeller）说："我做事有个习惯，在做决定之前，我总会冷静地思考、判断，但我一旦做出决定，就将义无反顾地执行到底。"

5.1 方案分级：选哪条路径实现目标

目标落地执行需要有效的方案与计划，可"条条大路通罗马"，具体要采取什么样的方案让目标落地呢？

当可选的方案较多时，因为时间和资源是有限的，多数情况下很难把所有方案都试一遍，所以马上逐一实施方案并非效率最高的选择。如果先实施的方案有效性和可行性都较差，可能会造成资源浪费。

可行的做法是先对这些方案进行分类，选择有效性和可行性高的方案先实施。方案多的话，要尝试先评出优先级，优先选择那些优先级高的方案；优先级低的方案可以延后实施或不实施。

要选择合适的方案，可以从有效性和可行性两个维度来筛选。

有效性，代表着对方案结果的预期，指的是方案实施后可能带来的成效。方案毕竟没有正式实施，所以这里的有效性对应的是方案可能的结果。方案的有效性代表着方案有不同的上下限。

可行性，指的是具备实施方案需要的素质、能力、信息、资源等要素，能够在一定程度上确保方案落地并有效实施。

方案分级的逻辑如图 5-1 所示。

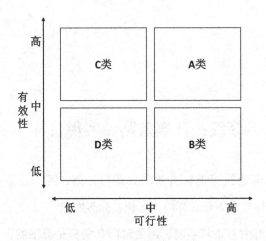

图 5-1　方案分级的逻辑图

A 类方案有效性高，可行性也高，是最优选择方案。发现这类方案后，应当第一时间执行。

B 类方案可行性高，但有效性低，是次优选择方案。这类方案虽然预期的有效性较差，但具备较高的可行性，如果时间充裕，可以尝试执行。

C 类方案有效性高，但可行性低，是第三选择的方案。这类方案虽然预期的有效性较高，但落地比较难，是那种"看起来很好"，却不一定值得执行的方案。

D 类方案有效性低，可行性也低，是最不应该选择的方案。这类方案既难以实施落地，又不具备预期的好结果。当我们的时间有限时，这类方案可以直接忽略，不应采纳。只有当没有任何方案可选时，才值得考虑这类方案。

例如，某公司总经理制定了"当年的销售业绩同比增长10%"的目标。然而在执行目标的过程中，发现公司的顾客数量有减少的趋势。顾客数量是支撑销售业绩达成的关键一环，顾客数量减少，将很难达成销售业绩目标。

为此，该公司的总经理期望采取一些措施，增加顾客数量。经过公司管理层的内部讨论，列出的备选方案一共有7个。

1. 召开新产品推介会

公司具备举办新产品推介会的资源和能力，曾经举办新产品推介会取得过较好的成果。所以，这个方案不仅可行性比较高，而且可能的有效性也比较高。

2. 加大零售终端的投放力度

抓住终端就是抓住消费者，公司曾经尝试过加大零售终端的投放力度，确实取得过比较好的效果。但抓住终端需要投入的资源较多，产生效果的时间周期比较长。所以，这个方案可能的有效性较高，但可行性属于中等。

3. 邀请明星做广告代言

公司的兄弟品牌有明星代言，证明有了明星代言后，确实能够提高销量。然而明星的代言费用较高，这势必会增加公司的营销成本。公司当前经费紧张，很难拿出这项费用。而且请明星代言涉及到明星的选择、合作的方式、价格的谈判等问题，公司之前没有这方面经验。所以，这个方案可能的有效性较高，但可行性较低。

4. 激励老用户，开展老带新活动

公司曾经尝试过用老用户带新用户，通过给老用户一定奖励的方式来做顾客增长和产品营销，有成功的案例，也有失败的案例。关于如何实施老带新，如何有效激励带新的老用户，这些问题尚不明确。另外，要给老用户一定的奖励，同样需要经费，然而这部分费用并没有在年初时纳入预算。所以，这个方案可能的有效性属于中等，可实施性也属于中等。

5. 增加宣传海报的印刷数量

增加宣传海报在实施层面比较简单，投入的经费不高。通过公司对宣传海报投递方式的管控，可以保证增加的海报能够覆盖更大的范围。但问题是，增加宣传海报和扩大海报的投放力度真的有效果吗？从公司以往的经验来看，效果并不显著。所以，这个方案的可实施性较高，但可能的有效性属于中等偏下。

6. 大力度投放自媒体广告

公司曾经投放过自媒体广告，发现对用户增长的效果并不显著。通过自媒体，也许可以增加公司产品的知名度，但比较难促成成交。当初投放自媒体广告时因为没有经验，走了不少弯路，如今虽然有了经验，但也并不能说驾轻就熟，依然有不少问题需要摸索解决。所以，这个方案可实施性属于中等，可能的有效性属于中等偏下。

7. 重新拍摄公司的宣传广告

广告能够增加产品的知名度，但有了广告，不代表就能增加用户数量，也不代表能够增加业绩。广告要发挥效果，还要考虑

广告的投放。宣传广告的制作费用和广告的投放费用是一笔不小的开支，公司当前的营销经费紧张，很难拿出这笔钱。所以，这个方案的可实施性较低，可能的有效性属于中等偏下。

经过对 7 个方案的有效性和可行性的分析，得出结论如图5-2 所示。

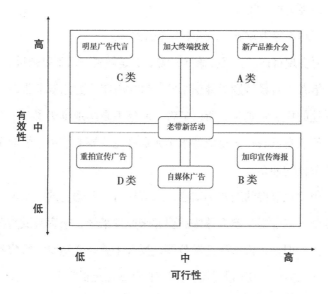

图 5-2　7 个方案的有效性和可行性分析

当我们要实现某个目标，但发现实现目标的备选方案较多时，可以采取这种方法对方案分级，优先选择最优方案去实施。

5.2　聚焦方法：应对定好目标又放弃

不少人心里知道应当有目标，曾经也定过目标，却因为种种原因最终选择了放弃。

了解不等于知道，知道不等于做到。

要实现目标，让目标落地，需要的是做到，而不是知道。

笔者小时候特别崇拜李小龙，每次看李小龙用双节棍时，都觉得他的样子特别帅，所以笔者当时情不自禁地也买了一个双节棍，想象自己有一天也能像李小龙那样花式耍双节棍，燃起了练习双节棍的冲动。

用过双节棍的朋友都知道，双节棍对不熟悉它的人来说简直是噩梦。双节棍是掌握熟练后耍起来非常酷炫，很容易成为全场的焦点；但如果没掌握这项技能，耍起来就非常尴尬，很容易成为全场的笑话。使用者别让它打着自己就已经很难了。

李小龙非常会选兵器，选双节棍这种一般人用不了的兵器，很能彰显个性。如果李小龙用的是刀或剑则不稀奇，刀或剑一般人拿着随便挥几下，不懂的人看着也像那么回事，但双节棍如果没有经过大量的练习，一般人是用不了的。

笔者刚开始练习时不知道被它打了多少回，后来很快就放弃了，还一度觉得这个兵器华而不实。因为有切身体会，后来看到那些功夫表演里有耍双节棍的，笔者都会特别尊敬，深刻地知道人家肯定是经过了很长时间的练习。

现在回忆起当初放弃学双节棍，原因主要有 3 个。

1. 基于兴趣冲动制定目标

为什么要学双节棍？除了耍起来比较"酷炫"外，学了双节棍能给自己带来什么？学双节棍究竟要付出多少时间和努力？这些问题笔者在制定这个目标前并没有想清楚，在遇到困难后，才发现原来这件事比自己想象的要难。

2. 缺乏足够的正反馈激励

笔者练习双节棍的过程是自己一个人闷在屋子里，因为刚开始耍得不好，很担心别人看到，全程只有笔者自己，没有来自外部的正反馈。这让笔者在练习过程中不断对这件事的意义和价值产生怀疑。

3. 没掌握正确的练习方法

那个年代没有互联网，笔者是从电视机上看的李小龙电影，电视没办法回播，笔者只能靠自己看了一遍的记忆瞎练。笔者在练习过程中遇到困惑时不知道该找谁问，也不知道自己练习的方法到底对不对。

基于以上 3 点，笔者最终没有学会使用双节棍。

实际上，很多人放弃目标的过程与笔者放弃学双节棍的过程类似，始于 3 分钟热血，终于感受不到价值和意义。

当我们定好目标又准备放弃时，可以从 3 个方面入手。

1. 重新审视意义

当放弃的念头产生时，不要一上来就思考难不难或能不能，而应该问自己，这到底是不是自己想要的？之所以要问这个问题，是为了提醒自己当初制定目标的目的和意义，重新审视自己的初衷。

例如，张三是一名高三学生，面临高考。张三的数学成绩比较差，于是制定了一些与提升数学成绩相关的目标。但执行一段时间后，张三想要放弃。这时候，张三可以重新审视自己当初制定这个目标的意义——为了自己能够通过高考进入理想的大学。

2. 精准定位困难

放弃目标有时候是因为遇到了困难，这时候要精准定位存在的差距、障碍、风险等各类问题，明确问题究竟是什么，如何解决问题。如果可以提前想好或准备好解决方案，则能够及时克服困难。

例如，张三为了提高数学成绩，每天花大量时间复习数学，可数学成绩一直没有起色。研究错题后，张三发现原来自己有 15 个知识点始终学不会，有 28 种题型总是出错。当找出这些具体问题后，接下来就可以实施针对性的学习了。

3. 准确找到方法

要实现目标，需要以结果为导向，找到实现目标的正确方法，而不是"拍脑袋"直接做。方法对了，目标达成有进展，能够得到正反馈；方法不对，目标达成没有进展，则可能不会产生相应的正反馈激励行动。

例如，张三发现自己数学成绩提不上去是因为没理解 15 个知识点和 28 种题型，于是他针对这些问题去请教老师和学习好的同学，每天重点做相关的练习题，重点总结和复习相关的错题。

当我们定好目标、却在执行过程中准备放弃时，可以重新审视目标的意义，精准定位实现目标遇到的困难，准确找到实现目标的方法。

5.3 底层假设：更新思想的操作系统

很多人不愿执行目标，是因为骨子里不相信自己可以实现目标。

没有人能叫醒一个装睡的人，也没有人能帮助一个思维有问题的人。究竟是什么限制了人们的思想？如何通过思维升级改变自己的行为模式？如何突破自己思维的局限？

华为总裁任正非说："没有正确的假设，就没有正确的方向；没有正确的方向，就没有正确的思想。"

每个人都有属于自己的底层假设，这些底层假设有的来自先天环境，有的来自后天经验。底层假设发生在每个人身上，深深影响着人们的思维和行为，却又不容易被人们察觉。人如果无法冲破自己的底层假设，不论别人怎么帮忙都没有用。

任何人都是基于底层假设在思考和行动。底层假设是人思考的底层逻辑，任何思维都建立在某种底层假设之上。底层假设告诉人们为什么自己会这样看待这个世界，让人们自然而然地产生某种想法，进而驱动人们行动。

人思维的局限性，正是来自底层假设的局限性。人行为的不理性，也来自底层假设的不理性。底层假设就像思想的底层操作系统，软件如果有问题，可以重装软件，但操作系统如果有问题，要么根本装不上软件，要么会让装上的软件无法正常运行。

想想看，你是否有过类似这样的底层假设。

1. 智商低的人一定不会有成就。对应思考：我上学时学习成绩就差，代表我智商低，所以我一生注定碌碌无为。

2. 没有资源的人一定做不成事。对应思考：我是普通家庭长大的孩子，没有资源，所以我什么事都做不成。

3. 形象差的人一定没办法从事露脸的工作。对应思考：我长相很一般，所以我不可能从事影视行业，我就算拍了影视剧也不可能成名。

4. 机会都是留给年轻人的。对应思考：我现在已经40多岁了，没有什么比得过年轻人的，年纪大了，没机会了。

5. 男人天生就是比女人强。对应思考：我是个女人，就该相夫教子。我做不好事情是应该的，赚钱养家的事就留给男人吧。

这些底层假设显然都是比较负面的主观假设，长期任由这些底层假设滋长，它们逐渐会变成一种信念。一旦成为信念，代表着思维固化和僵化，将很难改变。很多普通人无法实现目标，正是因为头脑中存在大量限制性信念，束缚了自己。

想要突破这些限制性信念，就要做到如下3点。

1. 静下心来，发现自己思考过程的底层假设。

2. 把主观的、负面的假设替换为客观的、正面的假设。

3. 找到那些成为信念的假设，把限制性信念转变为开放性信念。

知道了底层假设和限制性信念的原理后，我们要心无旁骛地实现目标，首先要像程序员给操作系统写编码一样，为自己编码出有利于个人成长与发展的底层假设。对有利于自己的底层假设，要坚决保留；对不利于自己的底层假设，要坚决删除。

笔者有 5 条积极正向、有利于实现目标的底层假设。

1. 每天做同样的事，只会得到相同的结果。如果对现状不满，那就果断做出改变。

2. 每件事都有方法，找对方法，就能成事。如果没有做成事，大概率是没找对方法。

3. 每个人都具备足够的资源达成目标。如果资源不足，大概率是资源没有被发现。

4. 这个世界上没有失败，只有在行动并获得反馈后，发现暂时没有达成目标。

5. 任何事都是多面的，有危机，也会有转机；有挑战，也会有机遇。

也许有人会问，为什么这些看起来像是成功学或心灵鸡汤里的话？其实不论是假设还是信念，解决的都是人"相不相信"的问题。如果一个人骨子里就不相信，那什么方法都不起作用；如果骨子里深信不疑，达成目标的概率会大大提高。

5.4 自证预言：成为想成为的那个人

有不少朋友羡慕笔者写了很多书，笔者每次听到这类羡慕，都会鼓励对方："写书不难，你也可以写书啊。"

然而笔者听到最多的回答是："不行，不行，我哪有那本事。"

笔者会接着说："我这样一个高中语文常年不及格的人都能写书，还有谁不能呢？"

多数回应依然是："不行，我不行……"

其实对于普通人来说，就算不能出书，以出书的目标来练习和提升写作能力，也是非常好的。写作，是这个时代最好的自我投资方式之一。

笔者很喜欢鼓励周围有上进心的人写书，也常以自己举例来说明写书没有想象中那么难。写书不等于写小说，不需要写出惊世骇俗的故事。图书领域种类繁多，只要在某个领域有足够积累或有独到观点的人都可以写书。出书的门槛其实没有很多人想象的那么高，并非高不可攀。

笔者高中时偏科严重，数理化成绩很好，语文成绩则常年垫底。刚开始写作时发现自己的语言功底着实薄弱，都是硬着头皮不断练习写，才有所提高。可为什么很多人明明觉得写书好，也具备一定的写作能力，却不行动呢？

心理学中有个名词叫自证预言，意思是人们会不自觉地给自己或别人贴标签、定属性、做分类，认为自己或别人就是怎样的人，然后会从现实中不断搜集证据证明自己，从而让自己的认为真实发生。

笔者有个朋友，人很聪明，但不喜欢学习，游戏玩到能打比赛的水平，可只考上专科学校。毕业后，他工作很卖力，领导和同事都很认可他，两年后就被提拔为主管。他晋升后不久我们聚会，那时笔者也刚做到人力资源经理职位。

笔者那时在感叹"80后"已经成为社会创造价值的主力军，未来大有发展。而他则很不看好自己未来的前途，觉得虽然自己目前晋升快，但学历低，晋升后劲不足。这么多年过去了，他依然还在那个公司做主管，而他带出来的徒弟都做到总监了。

如今聊到职业发展时，他依然认为自己是专科学历，没有前途。

笔者问他："难道你们公司就没有专科学历做到高管位置的人吗？"

他说："也有，但是很少。"

笔者说："那你为什么认为自己就不能是那类人呢？"

他说："我哪行啊……"

一切负面的自证预言，都有类似这样的句式：我不是 X，我不配得到 Y。

自证预言如果用在积极的方面，会产生积极的结果；如果用在消极的方面，则会产生消极的结果。例如心理学中的皮格马利翁效应（也叫罗森塔尔效应），就是自证预言的一种。

1960 年，美国心理学家罗森塔尔（Robert Rosenthal）曾在加州一所学校做过一个著名实验。新学期，校长对两位教师说：

"根据过去三四年来的教学表现，你们是本校最好的教师。为了奖励你们，今年学校特地挑选了一批最聪明的学生给你们教。要像平常一样教他们，不要让孩子或家长知道他们是被特意挑选出来的。"

这两位教师非常高兴，非常努力地实施教学。一年后，这两个班级的学生成绩是全校最优秀的，比其他班学生分数值高出很多。其实，这两位教师并不是全校最好的教师，只是被随机抽出来的。他们教的学生智商也不比别的学生高，也是随机分配的。

虽然是一个美好的谎言，但学校对老师的预言，老师对学生的预言，最终都成真了。这说明每一个人都有可能成功，但能不能成功，取决于坚信的预言。

不论自己是什么情况，首先不要把自己想得太低，找到自己的优势，任何人都有一个领域是别人比不了的。自证预言的正确用法，不是首先把自己想象成一个比较弱小的人，而是先把自己想象成一个很强大的人。

很多人难以理解为什么笔者能写 30 多本书。其实在笔者还没出书时，笔者的自证预言就已经认为自己可以成为一个著作等身的畅销书作家。

如果把著作等身变成一个数学问题，笔者书的长度大约是 23.5cm，厚度为 1.5 ~ 2cm（平均 1.75cm），笔者的身高是 174cm，所以如果把书竖着放，8 本书（174÷23.5 后取整）的长度就是毫不夸张的著作等身。如果把书平躺着放，大约需要 100 本书（174÷1.75 后取整），就是毫不夸张的著作等身，这正是笔者追求的小目标。

很多人看到 100 本书这个数字觉得吓人。理性地看，100 本书的目标能不能达成呢？当然可以达成，每年写 5 本书，20 年就能完成；每年写 2 本书，50 年就能完成。所以这个目标最后会演化成一个数学运算问题和时间分配问题。不要一开始就想目标难不难实现，而是要想如何去实现。

法国著名作家亚历山大·仲马（Alexandre Dumas）一生写过 300 多本著作。其实 300 是个非常保守的数字，关于大仲马究竟写过多少书众说纷纭，有人甚至说他的著作超过 1 300 本。世界上出书超过 100 本的大有人在，笔者为什么不能成为其中之一呢？

其实，放弃一切无关领域，把时间和精力都用在如何达成某件事上，让自己全身心地投入其中，又有多少事是一定做不到的呢？当人们敢想的时候，就已经比那些不敢想的人离想法更近了。就算最后失败了又如何呢？

成功和失败都会让人成长，成功会让人长叶，失败会让人长根。只有一件事不会让人成长，那就是什么都不做。只要做，就对了，一定不会错。最大的错误，就是认为自己不是 X，不配得到 Y，于是就什么也不做。

5.5 激发动机：组织如何激励员工行动

有一次，笔者遇到一位新媒体创业公司的创始人。他的公司经营着几十个微博、微信公众号、今日头条等各大网络媒体账号，同时也做设计，团队成员有 30 多人。对这种公司来说，及时、有料、创新、创意至关重要，是公司存续的关键词。

这位创始人给公司发展制定了比较宏大的目标，可他公司的员工却缺少积极主动、创新、创意的动力。明明自己是个创业公司，可大部分员工的状态犹如朝九晚五的普通上班族，缺乏活力，没有冲劲儿，只关注完成工作任务，不去想如何提高效率，如何做得更好。

他有位在腾讯公司工作的朋友跟他说，腾讯公司虽然体量庞大，管理复杂，内部却从来不乏创新和创意。有的部门要实现的创新方案甚至排到了 5 年后。他的公司工资也不低，而且为了激发团队，他已经涨了好几轮工资，却不见效果。为什么会这样呢？

美国的心理学和行为科学家维克托·弗鲁姆（Victor H. Vroom）在 1964 年提出过"效价期望理论"，也被称作期望理论。效价期望理论的核心含义是人们采取某种行为的动力与该行为所能达到的结果对自身的价值以及自身对达到该结果的预期有关。

效价期望理论的假设是人们采取某种行为的动力与内心的预期紧密相关。当该行为能够为人们带来正面有利的价值越高，实现该目标的可能性越大，则激发人们采取该行为的积极性越高，人们采取该行动的动机越强烈。

效价期望理论可以用如下公式表示。

$M = \sum V \times E$。

M（motivation）代表人的积极性，是人的行为和潜力能够被激发的程度，代表着人们做出某种行为的动机。

V（valence）代表效价，是指行为达到预期目标后对满足个人需要的价值大小。效价有正、负、零之分。正效价代表个体希望达到预期目标，正效价值越高，代表个体越希望达到目标。负效价代表个体不希望达到预期目标，负效价的绝对值越高，代表个体越不希望达到目标。零效价代表个体对该目标漠不关心。

效价的另一层含义是人们在主动产生某种行为之前，对该行为将产生结果的利弊判断与对比分析。即人们在做某件事前，会首先主观判断做了这件事可能会让自己产生的利，以及做或不做这件事，可能会给自己带来的弊。个体通过利弊对比，判断最终结果可能对个体产生的价值。

效价大小与个人需求有关。同一个结果，对于不同的人，效价是不同的。例如，同样的 500 元奖金，对于经济困难的员工来说，具有较高的效价；对于物质生活较富裕的员工来说，效价较低。同样的升职机会，对于具备成就导向特质、追求工作挑战性的人来说，具有较高的效价；对于不喜欢沟通、追求工作稳定性的人来说，效价较低。

以员工创新和创意为例，可以从两个方面进行效价分析。一方面，假如我这样做了，对我会有什么好处？如果我做了创新或创意的事情，对组织确实有贡献，但我个人能得到什么呢？有来自上级的认可吗？有来自组织的表扬吗？公司会给我额外的奖金吗？我会因此在未来得到晋升吗？在这个过程中，我会获得满足感、成就感吗？

另一方面，假如我没有创意、怠于创新，会对我有什么坏处吗？上级领导会因此批评我吗？公司的同事会因此看不起我吗？公司会因此而罚我的钱吗？我会因为没有做出创新和创意的行为而感受到挫败感吗？

E（expectancy）代表期望值，是人们根据过去的经验，判断自己达到目标的可能性大小。它是人们在主动产生某种行为之前，对这件事情能否达到令人满意的预期效果的概率判断，是一种个人对预期结果能否实现的主观预判。

期望值包含的另一层含义是人们对能帮助个体实现目标的非个体因素，比如环境、公司体制、上下级配合度、可运用的工具等的判断，代表当人们想要完成某件事时，有没有支持这件事完成的资源，以及有没有阻碍这件事完成的障碍。

对于不同个体来说，期望值高低与个人主观判断有关。对于同一个结果，不同的人对于完成的预期不同。比如某销售岗位，每月满额拿到浮动工资的前提是完成 3 万销售额。由于个体能力的差异，有的销售人员会觉得期望值高，有的则觉得期望值低。

对于个体来说，期望值高低与目标设置有关。目标设置得越高，期望值越低；目标设置得越低，期望值越高。对于组织来说，目标一般应设置在员工"跳一下够得着"的地方。如果"跳起来够不着"，人们就"不跳了"；如果"不用跳就能够得着"，人们就不需要努力了。

实际达成结果与期望值之间的差异将进一步影响和作用于个

体的行为。如果实际达成结果高于或等于期望值，则有助于提高个体进一步行动的积极性。此时差别越大，提高效果越明显。如果实际达成结果小于期望值，则会降低个体对进一步行动的积极性。此时差别越大，降低效果越明显。

以创新和创意为例。做出创新和创意一定要付出劳动，需要耗费一定的脑力、精力和时间。这里就存在一个风险：个体在付出了这些努力后，有多大可能性会成功？有没有可能许多员工曾经也尝试过创新，结果发现这件事"太难了"，也就是失败的概率太高，成功的概率太低，所以干脆不做了。

有时候员工想创新，因为他们明白创新的价值，愿意付出努力，也觉得很有可能成功，但在说出自己的想法后，上级是否会给予鼓励或认可呢？愿不愿意接受改变呢？或者，同事在听完他的想法后，是否认可呢？愿不愿意配合这种变化呢？

如果员工的创新和创意，需要以购买某项硬件设备为前提，否则就实现不了，那公司是否愿意出这部分钱呢？当员工有了创新方案，但缺少具体实施方法时，有没有一些资源能帮助员工实现方案呢？

当笔者讲完这些后，这位创始人仿佛茅塞顿开，拉着笔者的手连连道谢，他说已经想明白该怎么办了。后来，这位总经理根据效价期望理论对薪酬政策重新做了改革，从制度层面、管理层面以及文化层面做了许多改变，具体内容如下。

1.规定了每人每月的创意数量，对达标的给予"提成奖励"；对连续 3 个月没有达标的员工，采取自罚。（提高效价）

2. 每月评选"创意之星"，在晨会上予以表扬，并亲自发放纪念品。（提高效价）

3. 营造创新的企业文化，将公司发展定义为创新驱动型，营造创新氛围，每天讲创新，培训学创新。（提高期望值）

4. 所有需要资源支持的创意，他亲自把关，快速提供资源分配支持。（提高期望值）

经过一系列政策的实施和强化管理，这家公司的员工对于创新的意识和动力比以往高了很多。后来公司发展稳健，业绩优异，总经理不再为公司缺少创新和创意而苦恼。

效价期望理论对于组织有效激发和调动员工的积极性有重要的作用。对组织来说，可以采取如下做法来激励员工行为。

1. 将员工的个人需求与组织期望员工达成的工作目标相结合。

2. 员工达成工作目标后得到的报酬恰好能够满足他们的需求。

3. 保证组织提供了足够的资源支持和帮助员工达成目标。

5.6　持续行动：心无旁骛地行动就对了

不知道你身边有没有这种人：

定了换工作的目标后，却害怕破坏自己在老公司同事眼里忠诚忠厚的形象，害怕适应不了新公司的氛围和节奏，害怕在新公司工作一段时间以后还是一样不开心，可能还要继续换工作。最后，还是决定不跳槽了，凑合着继续干吧。

定了要旅行的目标后，却害怕请假后自己手头的工作没人管，害怕万一因为自己请假旅行把工作丢了再找工作很难，害怕旅行要去的地方可能不像别人说得那么美。最后，还是决定不旅行了，在网上找点图片过过眼瘾吧。

定了向异性表白的目标后，却害怕对方可能已经有在谈的异性朋友，害怕自己表白后被对方拒绝，害怕自己先表白的这种主动会让自己在未来的两性关系中显得被动。最后，还是决定不表白了，继续暗恋吧。

定了写一本书的目标后，却害怕写出来以后没有出版社愿意出版，害怕出版了以后没有人愿意看，害怕看的人多了被高手笑话自己文笔差或水平低。最后，还是决定不写书了，把才华都藏在日记本里吧。

为什么会这样？

因为人总是不断地追求"安全感"。

就像是生物趋利避害的本能。如果你在一只草履虫的左边滴高浓度的盐溶液，它会释放激素驱动身体避开左边；如果你在它右边滴营养液，它会趋向右边。人也一样，并且人类的大脑喜欢预演，这种预演会以追求"安全感"为前提，于是失败在心中的感受会被加强和放大。

其实，失败本不存在，它是人自己定义出来的一种感觉。与其说害怕失败，不如说害怕别人看低自己，这本质是一种虚荣。

如果我不行动，失败了尚有说辞；如果我行动，失败了"无颜过江东"。所以不如选择不行动，因为行动后，别人有看低自己的可能性，这样不安全，所以还是不要行动了。

任何事情都存在多种可能性，都不可能完全如人所愿。但当我们理智客观地分析后就会发现，其实只有行动，才会增加事情往自己有利方向发展的可能性。不行动，事情是不会主动向有利于你的方向发展的。我们要学会慢慢尝试接受生活中的这些所谓的失败和不完美，何必要求自己完美无缺呢？

这个时代变化速度越来越快，每个人的一生都可能要经历两三个城市、三四个行业，都会成功或失败很多次。我们总能看到那种十亿、百亿级别的公司在几年内迅速崛起并发展壮大，同时我们也能看到很多千亿级别的公司在几年内迅速衰落破产。

未来，成功和失败都会来得更快。而对于我们每个个体来说，想要活好，害怕失败而不行动绝不是解决方案。我们需要的，是增强自己的"自我修复能力"。

尼采说："那些杀不死我的，让我变得更强大"。

这就是自我修复能力的意义：即使生活抛弃了我们，带给我们难以名状的伤害，我们也要拥有一种极其可贵的恢复能力，这能让我们免于一蹶不振的命运，重归发展之路。

有些自我修复能力相当强的人，苦难会成为他们人生的大学，他们也往往能做到常人难以做到的令人惊叹的事情。

曾经有位朋友问笔者："我发现周围有很多牛人，他们给自己定下目标后，总能坚持执行自己的目标，而我却不行。我有两个很要好的朋友，本来我们3个人的情况都差不多。后来有一位朋友开始在电商平台创业。刚开始赔钱，赔了两年以后开始赚钱，现在一年的流水有几千万，生意做得风生水起。另一位朋友，从两年前开始在自媒体平台上写文章，每周输出 3 篇文章。现在他各个平台的粉丝数已经超过 10 万，正在为知识产品变现作准备。而我还是原来那样。别人都在通向成功，好像只有我停在原地。你说我为什么会这样？你能不能写一篇文章帮我分析分析，这是为什么？"

笔者说："其实不需要一篇文章，一句话就够了。因为别人在做，而你在看。"

许多人常说，只要我稍微用功的话，我也能变得很牛。是的，牛人和普遍人一样，并没有什么特异功能，也不是什么天才。他们和普通人的唯一区别是：很多事情他们真的坚持去行动了，而普通人没有。开始的时候，别人只能望其项背，久而久之，就变得望尘莫及了。

俞敏洪说："所有的人都是凡人，但所有的人都不甘于平庸。我知道很多人是在绝望中来到了这里，但你们一定要相信自己，只要艰苦努力，奋发进取，在绝望中也能寻找到希望，平凡的人生终将会发出耀眼的光芒。"

生活中有许多次机会，让我们不得不面对自己身上的缺陷和弱点。现实会一次又一次提醒我们：我们不是一个完美的人，需要改变。可人性是懒惰和脆弱的，大部分人会选择麻痹自己，转向短期的即时满足。只有少数人选择改变自己，于是就会有痛苦、有反复、有放弃，却也有成功。

是啊，有些人觉得自己"什么都没有"，所以心安理得地接受自己什么都不能干。有太多原来比这些人还差、还没有资源的人最后都过得比这些人好。与其总想自己没有什么，不如好好问一下自己"我有什么"吧。

一个行动胜过无数个空想，不要让自己的梦想只是想想。离开温床，哪怕只是为了一个小小的目标，行动起来才有可能实现，小目标的积累会变成大成就。只有行动起来，你才有可能把自己塑造成为自己心目中的样子。

为什么很多人懂了那么多道理，却依然过不好这一生？

因为别人在"做"，而这些人在"看"。

那些趋于优秀的人格、趋于成熟的心智，都是经过了无数次自我改造和行动的结果。没有试图去改变自己的人，只能继续重复着自己日复一日的生活，看着那些早已烂熟于心的风景；而对于正在改变和行动的人来说，每一天都是新的。只有自己坚持信念，并积极地投入其中，脚踏实地去改变、去实践、去行动，才有可能获得属于自己的精彩！

5.7 解决拖延：构建习惯提高行动力

为什么人们在执行目标的过程中总是乐于做那些与目标无关的事情？比如看手机、玩游戏、听音乐等。我们称这种情况为拖延。许多人不是没有目标，也不是没有时间，而是给自己制定目标以后，因为拖延，最终导致目标没有达成。

如何有效地解决拖延问题呢?

要解决拖延问题,最好的方法是养成好习惯。人是习惯性的动物,改善拖延,最好的方法是养成好的行为习惯。有了好的习惯,做事时就不会痛苦,不会总是需要意识来要求和提醒自己,很多行为可以通过潜意识自然发生。

所有减肥的反弹都是因为没有把这份看似难受的坚持化为习惯,而是看作阶段性的任务。这就好像有些人把考上某名牌大学当成是人生的终极目标一样。一旦达成,就好像人生圆满了,可以随便玩游戏,放纵自己,"混"到文凭就好,却忘了人生路之长,才走了一点点而已。

重要的不是我们阶段性要完成什么,而是我们要成为一个什么样的人,以及为了成为那样的人,准备养成什么样的习惯。

好的习惯能够成就一个人,即使他的天赋不超群、背景不深厚。

例如曾国藩,他并不十分聪明,父亲也不过是一个教书先生,小时候家境贫寒,但他最终成为一代大儒。是什么成就了他? 就是习惯。曾国藩"无一日不读书",他再繁忙也未曾中断这个习惯,每日学习、每天进步是他日益取得成就的基础。

曾国藩自 29 岁起,每天记日记,时刻保持自省。他每日静坐半个时辰,这个习惯使他改掉了好动不好静的习惯,平息了内心的轻浮躁动,对他一生的成就至关重要。从童年时期,曾国藩就每日早起,这个好习惯一直伴他终身。他平生以勤奋自守,极其厌恶懒惰。

时间久了，习惯就变成了品质。其实习惯和品质两者本就相辅相成——习惯铸就品质，品质促成习惯。

好的习惯对人的影响无限大，那如何养成好习惯呢？习惯的养成，依赖于4个部分：信念（Belief）、触机（Cue）、惯性行为（Routine）和奖励（Reward）。

1. 信念（Belief）

信念是习惯养成的顶层条件，是向自己解释"为什么"的问题。

为什么有人要养成早睡早起的习惯？因为他的信念认为，这对自己的身心健康有好处；为什么有人要养成每天晚上放学后学习3小时的习惯？因为他的信念认为，这对自己未来发展有好处。

相反，为什么有人对养成早睡早起和每天学习2小时这种习惯并不在意，可能是因为他们的信念认为，这跟健康和发展没有太大关系。

有没有关系是"事实"，认为它们有没有关系就是"信念"。强化自己的信念有助于你获得精神上的正反馈和积极的动因。

2. 触机（Cue）

触机是触发习惯的开端，好像是手枪的扳机，按下扳机后，子弹就能打出去。习惯的触机有很多，可能是时间、地点、事件或场景。

例如，我们早上刷牙洗脸这一系列动作的触机是起床的这个动作；如果有人每天在睡觉前习惯刷微博和朋友圈，那么触机可能会是他躺下来盖上被子的动作；如果有人习惯在家里的客厅看电视，那么可能他回家一到客厅就会下意识地打开电视机。

触机是大脑中一个习惯流程的开始，是整个习惯养成的必备一环。触机本身没有好坏之分，决定习惯对我们是否有利的，是它引发的一系列惯性行为。

3. 惯性行为（Routine）

惯性行为之所以被称为惯性，是因为它是无意识的。例如，有人一打开计算机，就会先打开网络游戏；有人一到办公室，就会先泡一壶茶。

在建立新习惯的过程中，我们的自制力就是要用来修正那些引起负面效果的旧行为，将其替换为新的惯性。

在更正坏习惯的过程中，我们需要格外留意引发它的触机，同时关注自己的行为，并不断提醒自己不要重蹈覆辙。

这一步，非常消耗时间和精力，可能要与旧的习惯反复拉锯，因为要建立良好的惯性行为不仅需要有自制力去克服旧的行为，还需要在行为结束时获得一定的正向反馈，也就是"奖励"。

4. 奖励（Reward）

奖励是习惯养成中至关重要的一环，它往往容易被我们忽略。

为什么坏习惯容易养成且难以改变？因为它们的奖励往往即时且明显：打游戏、刷朋友圈、网络购物……

好习惯难以形成，恰恰是因为短期的奖励不够明显。背单词、健身、学习这些行为往往需要较长的时间才能看到效果，有些人天生能从过程中获得精神激励，但大部分人不行。

所以，我们需要适时地给予自己一些奖励，例如，记录自己的成长和进步、达成一些小目标时吃一顿好吃的庆祝一下等。

　　小提示：关于习惯的养成，需要保持积极的、开放的、成长的态度。如果想养成学习和健身的习惯，就多去看看那些可以享受学习、享受健身的人是怎么做到的，尝试去学习他们的方法，把目光放在积极面上，而不是怀疑自己。

有目标后如何明确该做什么

有目标后，要想让目标有效落地，需要明确行动的具体实施方法、责任人、完成时间等内容。要保证内容全面，这时候，可以用到5W1H工具。

5W1H分别指的是What（什么事/什么对象）、Why（为什么/什么原因）、Where（什么场所/什么地点）、When（什么时间/什么程序）、Who（什么人员/责任人是谁）、How（什么方式/如何做）。

当有了目标后，接下来，可以从6个维度思考问题。

维度1，What。例如，这是一个什么目标？这个目标需要完成什么样的工作？这些工作具体需要做什么？需要做到什么程度？

维度2，Why。例如，为什么要实现这个目标？为什么这个目标可以对应这些行动？为什么这些行动能够实现目标？

维度3，Where。例如，这些行动可以从哪些方面支持目标？准备从哪些方面开展工作实施这些行动？在哪里可以有效实施这些行动？

维度 4，When。例如，准备什么时候开始采取行动？准备在什么时间完成这些行动？完成这些行动需要持续多久？

维度 5，Who。例如，由谁来负责实施这些行动？由谁对这些行动负主要责任？如果最终这些行动不能完成，应该追究哪些人的责任？

维度 6，How。例如，这些行动应当如何实施？有哪些方法有助于这些行动有效实施？当采取什么行动的时候，能够对完成行动起到事半功倍的效果。

当通过 5W1H 对应的 6 个维度思考分析之后，对应的行动能够更清晰明确，这样设计出来的行动方案才有可能得到落实。

例如，有个公司的研发部门设计部门的目标是"年底前，成功研发出某产品"。该部门为了完成这个目标，成立了针对该产品的研发项目组。该项目组在正式实施研发前，为保证目标落地，按照 5W1H 对工作进行了全面分析，得到内容如表 5-1 所示。

表 5-1　某公司产品研发项目的 5W1H

5W1H	现状	原因	改善	确认
What 产品	要研发什么产品	为什么要研发该产品	能不能研发别的产品	确认研发什么产品
Why 目的	研发该产品有什么目的	为什么是这样的目的	还有没有其他的目的	确认目的是什么
Where 场所	从哪里开始入手，在哪里实施操作	为什么从那里入手	能不能从别的地方入手做	确认从哪里开始入手
When 时间	什么时候开始做	为什么在那个时间开始做	能不能在别的时间做	确认在什么时间做

5W1H	现状	原因	改善	确认
Who 作业人员	由谁来做	为什么由那个人做	能不能由其他人来做	确认由谁来做
How 方法	具体怎么做	为什么那么做	有没有其他的方法	确认用什么方法做

经过以上分析，该项目组明确了为实现产品研发目标需要开展的行动，这时的行动因为考虑问题比较周全，更利于落地实施。

5W1H 不仅是一种工具，还是一种分析方法、思考方法，甚至是一种创造方法。它告诉人们不论对什么事，都可以从这 6 个方面提出问题、进行思考。运用这个工具，我们能够有效地开展行动，更有效地保证目标落地。

6

第6章

总结改善：
不断达成更高的目标

为了不断达成更有挑战性的新目标，在一个目标周期结束后，不论目标是否达成，都需要对目标的实施情况进行总结、复盘和分析。通过总结，发现可以改善的环节，让自己做得更好，从而能够持续精进，实现更高的目标。

著名企业家史玉柱说："人在成功的时候，别看他表面多谦虚，其实骨子里都很狂妄；看一个人遭受波折的时候，别看他表面很坚强，其实他很脆弱、很自卑，如果他能沉下心总结自己，看问题能看得更客观。"

6.1　复盘分析：让自己可以持续精进

在一个目标周期结束后，可以复盘分析目标的达成情况，并做出改进，实施逻辑如图6-1所示。

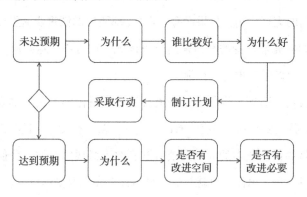

图6-1　复盘分析目标达成情况的逻辑

如果目标达到预期，要搞清楚自己为什么做得好，以及要评估自己有没有可能做得更好。

目标达到预期不代表结束，下一步要研究的，是为什么能达到预期，是我们根据目标制定的方案和行动都落地了，还是纯粹的运气好？搞清楚"为什么"才能帮我们复盘。因为很多人虽然达成了目标，但并不知道自己为什么能达成目标。

如果没有复盘，不知道自己为什么能达成目标，则下次不一定还能达成目标。

例如，张三给自己定的目标是"年底最后一天，自己的含税销售业绩要达到 1 000 万"。到年底发现，计划完成了，于是美滋滋地觉得，自己能力出众，完美地达成了目标。

可张三之所以能达成销售业绩，是因为运气好，碰到了一个大客户，与张三个人的行动和努力没有太大关系。

张三今年的运气能否延续到明年呢？明年还会恰好碰到一个送上门的大客户吗？如果没有大客户，那明年的销售业绩怎么办？张三如何凭借自身的努力来达成目标呢？回答不了这些问题，张三明年也许很难再达成目标。

当我们明确了为什么，知道自己达成目标的关键在哪里，接下来，我们要判断，还有没有改进空间，以及有没有改进的必要。改进是要付出成本的，在判断有没有改进必要的时候，我们需要判断投入和产出比，也就是需要付出什么和能够得到什么。

不考虑其他因素，如果投入产出比高的话，这件事就值得做。如果投入产出比低的话，这件事就不值得做。例如，张三发现自己每天满负荷工作，能让每年的销售业绩达到 1 000 万。这个销售业绩已经是张三当前能达到的最大值了，如果找不到更优的渠道，就算自己每天再加班 2 小时，大约只能让销售业绩提高几十万，投入多，产出却少。

著名投资人罗伯特·清崎（Robert Toru Kiyosaki）说："错误是最佳的学习机会。在现实世界中，如果承认错误，并总结经验教训，那么犯错是无价的。"

目标没有达到预期时，一是要分析为什么没有达到预期；二是要观察周围有没有谁做得比较好，也就是要找到最佳实践。接着，要研究这个最佳实践为什么做得好。通过研究，我们要改进自身，重新设计目标、制定方案和采取行动。

对没有达成预期目标的改进，实际上就是复盘分析后找到最佳实践，通过研究最佳实践，提炼最佳实践的方法，然后把这个方法有效用到自己身上的过程。

举个例子，曾经有一段时间，笔者的招聘压力非常大，因为公司要在一个新的区域开设分公司，总部派了3名招聘专员去帮助这个区域招聘，目标是用3个月的时间，让招聘满足率达到100%。结果招聘效果却很差，这3个人在新区域耗了3个多月，招聘满足率只有30%。

在分析时，这3位招聘专员都表示，在这个新区域招聘效果差的主要原因是公司对于当地劳动者来说并不具备品牌知名度，大部分劳动者并没听说过笔者的公司。当地寻求就业的劳动者更倾向于选择当地的知名企业。

那时候，笔者公司正好新聘请了一位招聘经理。笔者想试试他的身手，就把他派到了那个新区域，让他协助区域当地的人事专员继续开展人才招聘工作。当时由于还有其他新区域有招聘任务，笔者就把在那个新区域的3名招聘专员撤出来调配到其他新区域了。

没想到，这位招聘经理开展工作后，只用了一个月的时间，就让招聘满足率达到了90%。笔者很震惊，赶快把这位招聘经理召回总部交流，问他是如何实施招聘任务的。这一步，就是发现最佳实践。

这位招聘经理从招聘渠道、招聘方法和面试技巧等不同维度给笔者讲了很多。笔者听后感觉受益匪浅，觉得这套方法非常值得推广。这一步，就是提炼最佳方法。

于是，笔者和这位招聘经理说："你赶快把你刚才跟我说的这些方法，做成课程。我立即召集所有招聘专员回来，后天你给大家讲讲课，让大家向你学习这些好的方法。"这一步，就是持续推广改进。

这位招聘经理开展的培训效果非常好，公司整体的招聘满足率都提升了。而且通过他的分享，公司也总结出了一套在新区域扩张用的招聘流程和方法。

6.2 鱼骨分析：找到问题的根本原因

当未达成目标，或实施目标过程中出现问题时，我们可以根据表现出来的问题，找到未达成目标的根本原因。当面对难以分析的复杂问题时，可以用到鱼骨图工具。

鱼骨图工具是 20 世纪 50 年代初由日本著名的质量管理专家石川馨教授发明的。这个工具可以用来分析问题和原因之间的因果关系。运用鱼骨图分析问题，有助于揭示问题的潜在原因，明确产生问题的根本原因。

运用鱼骨图法的步骤如下。

1. 问题拆解

简明扼要地把当前待解决的问题填入鱼骨图的"鱼头"中。根据鱼骨图中需要解决的问题，拆分列出影响该问题的相关因素类别，可以通过"有哪些可能的原因引起了问题的发生？"等问题来发散。针对不同的问题，有不同的分类方法。

在职场中，针对生产制造类的相关问题，通常可以分成人员、机械设备、材料、方法、环境、测量6类相关因素；针对管理服务类的相关问题，通常可以分成政策、人员、程序、地点4类相关因素。

2. 查找原因

利用头脑风暴法，把所有引发该问题的可能原因按照不同的分类填入各分支。根据需要，也可以在各分支继续做分支，也就是进一步探讨和分析更深层面的原因。

3. 检查整理

对得出的鱼骨图进行进一步的检查和整理，补充含糊内容，合并重复内容。

4. 原因判断

进一步进行小组讨论，就引起问题的可能性最高的几个原因进行进一步的数据收集和整理，并将此作为分析和改进的重点内容。

例如，有个生产制造公司近期连续接到3起因为某产品质量原因引发的顾客投诉，经过调查，公司发现核心问题是该类产品的质量很不稳定。针对如何解决此问题，该公司生产技术部门以鱼骨法为工具，对产品质量不稳定问题进行了梳理。

因为是生产制造类问题，该公司从人员、机械设备、材料、方法、环境、测量6类因素出发，利用头脑风暴法，对造成该问题的可能原因进行梳理，经过检查和整理后，得出鱼骨图如图6-2所示。

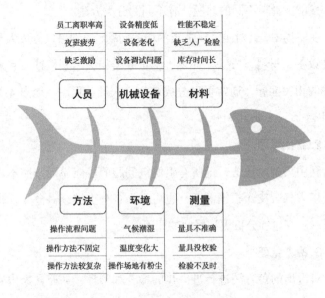

图6-2 某公司某产品质量不稳定预估分析图

经过进一步充分讨论，小组认为最可能影响该产品质量不稳定的原因是以下3点。

1.操作方法不固定，且较复杂。

2.操作场地有粉尘，且潮湿、温度变化大。

3.原材料不稳定，缺乏入厂检验。

针对这 3 点原因，该小组决定进行进一步的资料收集和问题查找，并准备在 1 个月的时间内，完成如下 3 个目标。

1. 重新设计和固化操作方法，将操作步骤缩减到 5 步之内，让整个产品制作的标准操作时间控制在 30 分钟内。

2. 重整生产操作场所，安装空调设备和去粉尘设备，将粉尘浓度控制在 X 以内，温度控制在 $Y \pm 2℃$，湿度控制在 $Z \pm 2\%$。

3. 重新设计入场检验流程，增加 3 处检查化验，让产品抽检比例控制在 $A\%$。

通过绘制和分析鱼骨图，并针对相关问题设定目标，进一步采取行动，该生产制造公司得以有效地发现问题、分析问题和解决问题。

6.3 头脑风暴：用群体智慧解决问题

面对一些复杂问题，分析问题和解决问题的过程也许需要多人参与。这时候可以采用头脑风暴法，把参与者的意见和想法全部收集上来，并通过鱼骨图或其他分析方法将其展示出来。

头脑风暴法是一种群体决策工具，通过所有参与者平等地提出关于某个主题的思考，获得丰富多样的想法，并经过讨论，得出最佳的可行性方案。这种方法可以被广泛应用在各类团队场景中，用来激发工作灵感或解决复杂问题。

头脑风暴法的实施可以分成 4 个步骤。

1.确定问题

在进行头脑风暴之前至少 24 小时，确定待解决的具体问题，提前告知参会人员。

2.激发想法

通过引导，激发参与者的想法，让思维充分发散和延展，鼓励所有参与者平等地提出想法。这一步是为了发散思维，拓展思路，尽可能让参与者想出更多可能的解决方案。

3.应用讨论

对想法做应用讨论，一般聚焦在想法与问题解决的相关性、可行性等层面。这一步是收缩的开始，要尝试剔除掉那些过于天马行空的想法。在这个过程中，还要对想法做区别分类，将所有具备应用性的方案再根据实际落地的可行性进行优先级分类。

4.聚焦方案

对区别分类后的方案，将优先级高的想法形成更加具体的落地方案，并且采取行动。这一步是想法落地的过程。

例如，有个火锅店刚开业时生意红火，店长在年初制定了比较高的业绩目标。后来旁边也开了一家火锅店，之后这家店的生意开始变得越来越差。如果两家店分摊周围的火锅消费人群还好，奇怪的是竞争对手的火锅店生意却很火爆。于是店长召集店员，实施头脑风暴法，试图改善经营，达成预定的业绩目标。来看看店长是如何实现的。

1.店长首先确定问题：自己火锅店的客流量减少。店长期望提高客流量和销售额，赶超旁边的火锅店。

2. 大家对客流量减少的想法各抒己见，想出了 53 个可能的问题改进点。

3. 店长认为一下子改进 53 个点既不现实，也可能无效，于是就这 53 个问题改进点实施讨论，确定每一个问题改进点的必要性。

4. 经过最终的研讨，发现这 53 个问题点中有 15 个问题点是当下必须尽快改进的，同时也是有能力改进的。例如其中比较典型的有 3 个。

（1）在吸引客流量方面，推出进店扫描二维码转发社交媒体即可获赠用餐优惠券活动。

（2）在增加老客户的多次消费方面，提供会员卡充值返券赠礼品活动以及用餐过程中的抽奖活动。

（3）在客户服务方面，实行餐品不满意无条件退款活动。

于是，店长升级了店铺的部分运营流程。一段时间后，该店的客流量和销售额明显提升，达到了竞争对手的水平。

群体的智慧总是大于个体智慧，头脑风暴法的运用，能够激发群体智慧。但是，群体智慧需要多人参与，如果管控不得当，激发群体智慧的过程也可能产生比较多的内耗，反而达不到预期效果。以下便是有可能出现的四大问题。

1. 缺乏准备

头脑风暴会议若没有提前的准备，将导致参会人员并不知道会议的目标，不了解讨论的主题，把大量时间浪费在了解目标和主题上，占用了思考的时间。

2. 想法有限

很多头脑风暴会议产生的点子很多，但有用的想法有限，以致会议最后变成了天马行空的思维漫游，没有形成有用的解决方案。

3. 不平等性

在有一些头脑风暴会议中，外向的参会人员表达了大量的意见，内向的参会人员却没有机会表达意见。类似情况还表现在职位高低的差异上。

4. 恐惧心理

很多人参加头脑风暴会议时，担心自己的想法和别人不同，将给自己带来负面评价，于是会故意迎合别人的想法，隐藏不同意见。

很多团队实施头脑风暴的效果达不到预期，不能帮助团队解决问题，不是因为头脑风暴的工具没有用，而是因为没有正确运用。正确使用头脑风暴法，才能有效利用群体智慧解决疑难问题。

6.4 经验萃取：学会最佳实践的方法

笔者做咨询项目时，经常有创业者问笔者："为什么自己创业不赚钱，同行却能赚钱？"

实际上，万物皆有方法论。每个行业都有自己的门道，所谓门道，就是那个领域的方法论。找到最佳实践（做得最好的情况），分析研究最佳实践，就可以总结并提取出方法论，便于自己学习应用。

具体如何操作呢？我们来看一个案例。

美国曾经有一家从事城市公交和地铁运营的大型交通客运公司。为了方便，很多乘客在乘坐公交车或者地铁时喜欢买月票。该公司近期遇到一个很大的问题，就是售票员的售票速度太慢，每到月初或月底顾客集中买月票时，售票窗口都会排很长的队。

除了售票速度慢引起的排队问题外，售票员在售票过程中还经常出错，出现了不少算错票价、找错钱等情况。因为类似这些情况引起顾客投诉的负面新闻，这家公司还上过当地的报纸，给公司造成过不小的负面影响。

这家公司一共有400多个售票员，绝大部分是以前的公交车司机，他们因为年龄偏大、健康状况等原因不能再开公交车了，而售票员的岗位是公司为照顾他们特意安排的。因为和工会有协议，公司不能轻易辞掉他们。现在的情况是，在不能换人的前提下，怎么改善这个问题呢？

这家公司组织了大量的内部培训，教这些售票员怎样准确、快速地卖票以及服务顾客，但培训后，情况并没有明显改善。无奈之下，公司找来了一位人力资源管理方面的咨询专家，想让这位专家开发一套培训体系或再制订一个培训计划，好好培训一下售票员。

但专家听完整个情况后没有马上给售票员们培训，他问："是不是所有的售票员速度都很慢，或者都经常出错？有没有做得比较好的呢？"

跟这位专家对接的公司经理说："大部分都不行，只有一个叫'圣利奥站'的车站做得不错，那个站基本没有被投诉过。"

这位专家来到这个"圣利奥站"，然后就在售票窗口边上站着默默观察。他看到一名乘客来到售票口，说想要买一张儿童月票、一张老人月票和两张成人月票。

售票员几乎是脱口而出："您好，一共 136 美元。"

交通公司票价的设置是这样的：儿童票和老人票属于优惠月票，一张 26 美元；成人月票一张 42 美元。这位专家心算了一下，他大概也得用半分钟时间计算和确认这个数字。可这位售票人员怎么能算得这么快呢？

他觉得有些不可思议，于是后面的观察就更仔细了。又来了一位买票的乘客，也是几秒钟就搞定，很快速、很准确。

这位专家好奇地走上前去观察到底是怎么回事，这时候，他发现售票员的工作台上放着一张硬纸板，上面用手工画了一张表格，如表 6–1 所示。

表 6–1　圣利奥站售票员样表

		普通月票数								
		0	1	2	3	4	5	6	7	8
优惠月票数	0		42	84	126	168	210	252	294	336
	1	26	68	110	152	194	236	278	320	365
	2	52	94	136	178	220	262	304	346	388
	3	78	120	162	204	246	288	330	372	414
	4	104	146	188	230	272	314	356	398	440

这张表的顶端横向是数字 0~8，代表正常票价购票数量，左端纵向是数字 0~4，代表老人和小孩这种优惠票的购票数量，表格里的每一个格都有一个数字，代表着买 X 张正常票、Y 张优惠票，一共要花多少钱。

例如，有人要买 2 张儿童票、2 张老人票、3 张成人票，一共多少钱？

在这个表格的左端纵向找到 4，在顶端横向找到 3，表格里面对应的数字分别是 104 和 126，再将这两个数字相加，就是 230。只需几秒钟的时间，很快！

专家一看，原来事情可以这么简单！接下来要做的，就是以这个表格为模板，做得更耐用、更大一些，印刷成彩色版本，塑封好了之后分发给每个车站，然后把使用方法教给售票员。

结果这件事一共花了 500 美元左右的材料费，仅用了几天时间的指导，售票速度整体提升了 70%，而且从此以后，售票员的出错率几乎变成了零。

通过这个案例能够看出，以问题为导向寻找并学习解决方案的情况可以分成 3 步。

1. 情况分析

分析当前情况，找到当前问题所在。要对当前存在的问题做详细分析，而不是盲目采取行动。例如可以问如下问题。

这件事的难点在哪里？

当前最大的问题是什么？

是哪个环节还不知道方法？

2. 最佳实践

找到在这个领域当中做得最好的那个人或那个案例，研究这个人或案例为什么做得好，采取了什么方法，秘诀是什么。例如可以问如下问题。

这件事可以向谁借鉴呢?

谁在这件事上做得比较好呢?

做得比较好的情况有哪些呢?

3. 经验萃取

把最佳实践中的方法和秘诀提炼出来，变成自己能够学会的工具或模板，让自己快速上手。例如可以问如下问题。

做得好的原因什么?

有哪些经验或方法可以提取?

方法的具体步骤是什么?

不知如何是好时别着急，通过分析当前情况，找到最佳实践，并萃取经验，就能为当前难以解决的问题找到方法。

6.5 问题诊断：精准把脉找准问题要素

很多人觉得，实现目标的过程中出了问题，目标没有达成，问题一定出在"人"身上。如果目标完全由自己实施，可能把问题归咎为自身；如果目标需要由多人共同实现，则可能把问题归咎为其他人。

这种想法尤其容易出现在团队管理者带领一个团队实现某个目标却没有达成时。团队管理者很容易认为目标没达成的原因要么是人的态度不好，要么是人的素质不行，要么是人的能力不足，要么是人的经验不够。

然而事实是这样吗？

行为学家吉尔伯特（Thomas F. Gilbert）曾研究影响组织目标达成的因素。他在调研了300多个组织后，形成了一系列调研报告和著作，并提出了一个非常有价值的工具——吉尔伯特行为工程模型。这个工具可以帮助我们精准找到影响目标达成的问题要素。

吉尔伯特行为工程模型的大意，是把影响目标达成的因素分成两个，一个是环境因素，另一个是个体因素。其中，环境因素和个体因素又分别包含3个小因素。所以影响目标实现的因素一共分成两大类，6个小类，如表6-2所示。

表6-2　吉尔伯特行为工程模型中影响目标达成因素的分类及比例

环境因素	分类	数据 / 信息 / 反馈	资源 / 流程 / 工具	奖励 / 激励 / 后果
	影响	35%	26%	14%
个体因素	分类	知识 / 技能	素质 / 潜能 / 天赋	动机 / 态度
	影响	11%	8%	6%

在这6个小类中，影响占比排第一的因素是"数据 / 信息 / 反馈"。它是指数据和信息的通畅性，包括明确清晰的目标、任务和行为标准，针对目标的及时反馈，以及能及时获取所需信息的

畅通渠道。

影响占比排第二的因素是"资源／流程／工具"。它是指能够获取到达成目标的资源条件，包括工具、系统、适当的流程，易于查阅的参考手册，充足的时间，专业人员的支持，以及充足而安全的附属设施。

影响占比排第三的因素是"奖励／激励／后果"。它包括有形的奖励和无形的奖励，例如，个人实现目标可以获得的激励、团队管理者对员工的认可、员工实现目标可以获得的晋升或处罚等。它不只是针对某个人，而是针对与目标实现相关的所有人。

影响占比排第四的因素是"知识／技能"。它是指通过各种形式的学习、培训或经验传授让人们可以获取到的，能够帮助人们达成目标的相关知识和技能。

影响占比排第五的因素是"素质／潜能／天赋"。它包括个体的特点、性格特质、行为偏向、生理特质、心理或情绪特质，以及因为生活状况、生活方式、生活环境等因素造成的个人认知和习惯上的特性。

影响占比排第六的因素是"动机／态度"。它包括个体在某方面的价值认知、达成目标的信心、情绪偏向，以及其他能够被环境、文化、氛围等因素引发的主观情绪和能动性的变化。

通过吉尔伯特行为工程模型，我们可以得出一个结论，对目标达成影响最大的是环境因素，影响占比的总和是75%，而个体因素对目标达成的影响占比仅为25%。

但很多人最经常、最习惯做的，是为了达成目标，坚持不懈地想办法诊断和改变个体，而不是首先从环境层面去诊断和发现问题。实际上，很多时候改变环境对于达成目标来说成本更低，效果也更好。

吉尔伯特行为工程模型可以作为我们诊断和发现当前影响目标达成因素的工具。我们可以用吉尔伯特行为工程模型分别从 6 个维度提出问题。

1. 数据 / 信息 / 反馈

我们可以问如下问题：

有没有明确愿景 / 使命 / 价值观？

有没有符合 SMART 原则的目标？目标的质量如何？

有没有让相关人员知道目标是什么？

相关人员知不知道完成目标具体需要做什么？

目标达成的具体标准是什么？

是否能够清楚地了解到目标的达成情况？

目标实现过程中的反馈是否及时？

目标的反馈信息是否足够准确？

反馈信息与目标之间是否存在密切的关联？

2. 资源 / 流程 / 工具

我们可以问如下问题：

达成目标需要的步骤、流程、方法、规范是否够清晰明确？

是否有足够的资源来支持目标达成？

达成目标需要的资源是否已经按最佳方式组合？

是否形成了有助于完成目标的工具？

相关人员是否能快速获取到这些工具？

3. 奖励 / 激励 / 后果

我们可以问如下问题：

哪些事项是实现目标必须达成的？

如果没有完成某事项，是否有相应的惩罚？

如果在过程中表现优秀后是否有相应激励？

相应激励能否有效引导出更优的未来表现？

是否已经应用了能想到的全部激励？

4. 知识 / 技能

我们可以问如下问题：

是否具备完成任务需要的知识？

是否具备完成任务需要的技能？

一流的知识和技能能否被有效复制？

是否存在自己没有察觉的知识和技能需求？

5. 素质 / 潜能 / 天赋

我们可以问如下问题：

自己的何种素质 / 潜能 / 天赋能促进目标达成？

自己的何种素质 / 潜能 / 天赋会不利于目标达成？

6. 动机 / 态度

我们可以问如下问题：

个人的动机与意愿是否强烈到能影响目标达成？

完成目标的可能性有多大？

负激励是否比正激励更多？

6.6 正确归因：ABCDE 法找到问题根源

对同一件事，人们会有截然不同的解读。解读角度不同，人们会得出不同的结论，产生不同的行为。这些行为有的有利于实现目标，有的不利于实现目标。面对问题时，如何能找到问题的根源，做出有利于自身的思考呢？

每个人都会用自己的认知框架来解读这个世界。对相同事件的不同解读往往源于人们的认知框架不同。

笔者有个做微博的朋友，用一年半的时间做到了 60 万粉丝。他的微博以文字类内容为主，主要讲述做事方法和思考方式。他在做微博的过程中，经历过起起伏伏，好多次听他说想放弃，但他还是坚持住了。他认为文字类的内容在微博上是有空间的，普通人可以通过输出文字类的内容在微博上成为"大 V"。

笔者还有个朋友断断续续也做了一年多微博，在微博上输出文字类内容，但最后粉丝不到 2 万，他选择了放弃。这个朋友常抱怨自己不会用作图软件，做不出有视觉冲击力的图片；不会画画，画不出有趣的漫画；不懂摄影，拍不出优质的视频……他对微博的评价是：微博是一个泛娱乐平台，文字类内容在微博没有空间，普通人不可能在微博通过文字类内容成为"大 V"。

同样是做微博，为什么不同的人有不同的评价？这两个朋友对微博的评价，究竟哪个更准确呢？其实文字类内容在微博上有没有空间，个体能不能靠文字类内容在微博上成为"大 V"，不需要统计数据，看一看微博上有没有这类成功案例就知道了。观察后你会发现，微博上存在大量这类成功案例。所以这其实不是"能不能"的问题，而是"如何做"的问题。

第一个朋友做微博，对微博的认知框架聚焦于"如何做"，逻辑如图 6-3 所示。

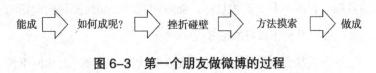

图 6-3　第一个朋友做微博的过程

第二个朋友做微博，对微博的认知框架聚焦于"能不能"，逻辑如图 6-4 所示。

能成吗？⇒　挫折碰壁　⇒　好像不行　⇒　挫折碰壁　⇒　看来真不行

图 6-4　第二个朋友做微博的过程

笔者学开车时，教练说过一句话："新手开车视线不要总盯着障碍物，要聚焦在通路上，用余光关注障碍物。"

新手开车如果总盯着障碍物，通常有两种结果，要么直接撞上障碍物，要么在障碍物面前猛踩刹车，而没有注意到障碍物边上有个空隙能过去。

这就是为什么很多新手刚上路要么容易追尾，要么容易突然猛踩刹车。其实做任何事都是这样，如果只盯着障碍，满世界都是障碍，如果盯着道路，前途一片光明。

前任美国心理学会主席、美国心理学家马丁·塞利格曼（Martin E.P. Seligman）提出过一个概念——习得性无助（learned helplessness）。这源自塞利格曼在 1967 年做的实验。他把狗关在笼子里，蜂音器一响，就对狗施加难以忍受的电击。

一开始狗在笼子里上蹿下跳，想尽一些办法逃避电击。多次实验后，狗发现不论自己如何努力，都无处可逃，只能在电击发生时趴在地上忍受。后来蜂音器一响，还没电击，狗会立即趴在地上颤抖和呻吟，等待电击到来。长期接受这个电击实验后，即使打开笼子，蜂音器一响，狗依然立即趴在地上颤抖和呻吟，而不是尝试跑出笼子。

塞利格曼后来在人身上也做了类似实验，验证了习得性无助广泛存在于人类生活中，以及习得性无助对人类工作和学习的负面影响。

有习得性无助特质的人通常具备 4 类特点。

1. 低自我效能感：怀疑自己，认为自己不配，自己做不到。

2. 低自我概念：自我评价较低，态度消极、多疑、自卑。

3. 低成就动机：设计低目标，对失败的恐惧比成功的渴望更大。

4. 消极定势：认为自己注定失败，不论如何努力都无济于事。

针对习得性无助，塞利格曼后来开创了积极心理学这个流派，并提出了正确归因的概念。所谓正确归因，就是客观理智地看待问题，既不盲目乐观，也不盲目悲观。如果对某个事件做了错误归因，人们就容易出现习得性无助的现象。

塞利格曼把人分成乐观者和悲观者。悲观者不仅容易把失败原因放大，放大到看起来完全不可控，而且容易把自己或他人的问题放大；乐观者则相信人生有起有落，更可能找到失败的根源。

如何避免错误归因，避免习得性无助，做到正确归因？

塞利格曼提出了一个 ABCDE 法。

A（事件）：某次失败，或某个不好的事件。

B（观点）：对这次失败原因或这件事的观点或看法。

C（行动）：接下来的想法，以及想要采取的行动。

D（反驳）：停下来，重新审视 B 和 C，然后反驳自己。反驳自己时，要注意 4 点。

（1）证据：能不能找一些其他证据，证明自己的观点是错误的？

（2）其他可能性：关于这次失败的原因或这件事，还有哪些自己没想到的可能性？

（3）暗示：不断暗示自己，努力从客观上找到 A 和 B 之间的正确关联。

（4）用处：不停反问自己，当前的 B 和 C，对自己有用吗？

E（复盘）：不断重复 A→B→C→D 过程，不断复盘和审视自己。

美国积极心理学家、哈佛大学心理学家埃伦·兰格（Ellen J.Langer）在这方面也有研究，她把自己的研究称为"可能性心理学"，她喜欢挑战不可能，喜欢引导人们在认为不可能的事情中寻找可能性。兰格教授强调要改变自己对这个世界的思考方式，并关注和复盘自己的思维与言行。这一点，与塞利格曼的 ABCDE 法如出一辙。

做任何事，方法都是第二位的，思想是第一位的。我们需要做的是刻意构建自己的认知框架，重新审视自己看世界的角度，变"不可能"为"如何成为可能"，变"做不到"为"如何做到"。

3 个问题找到解决方案

在企业管理中，往往会有很多原因同时作用，导致目标难以达成，而这些原因可以分为外部原因和内部原因。其中，外部原因是指那些不受企业内部限制，不能通过管理改善，或不受内部主观意识控制的原因，这些原因通常来源于企业的合作方、协同方或关联方。

例如，某合格供应商近期的产品质量不稳定，但由于这个供应商的价值和地理优势，企业不能随便换供应商；

企业经销商近期在渠道上出了问题，而双方已经合作多年，再找一个合格经销商存在时间成本和其他风险；

竞争对手的实力太过强劲等。

人们很喜欢将成功的事件做内部归因，认为得到成功的结果自己的功劳更大；而对于失败的事情做外部归因，认为得到失败的结果别人的责任更大。这样的话，内心的自我价值和认同感都会得到提升。

社会心理学认为，人们在解释事件结果的时候，普遍存在一种叫"自我服务偏见"的现象，即人们对自己是有"偏见"的。

是什么样的"偏见"呢？

人们很容易认为自己的优势是全天下独一无二的，是非比寻常的，是别人望尘莫及、无法取代的。也很容易认为自己的劣势是全人类都有的，是无法避免、正常发生、没那么重要的。

人们很喜欢通过这种心理安慰来放大自己的优势，缩小自己的劣势，从而忽略或刻意回避自己的劣势；同时缩小别人的优势，放大别人的劣势，以获得内心的满足感。

到了企业中，表现为员工经常会把目标难以达成的原因归结为外部，从别人身上找原因，却很少从内部也就是从自身找原因。

而实际上，那些比较少被列出的内部原因，反而才是比较容易、快速做出改变的。而外部的原因，虽然通常能列出很多，却反而难以解决，结果很可能会不了了之。这就让针对目标达成的分析改善变成一种"走形式"，解决不了实际问题。

那么应该怎么办呢？

我们可以通过问 3 个问题，从 3 个方面探讨解决方案。

1. 针对该问题，现在有没有明确的标准？

2. 针对该问题，现行的标准是不是有效？

3. 执行人员有没有按照标准执行？

例如，某公司员工餐厅在一次员工满意度调查中，评分比较低。分析后发现，员工满意度低的主要原因是这家餐厅近期使用的食材不新鲜。进一步分析发现，是餐厅食材供应商的供货有问题——供应商最近提供的食材时好时坏，质量不稳定。

这家供应商已经和员工餐厅合作很久了。因为员工餐厅是大宗采购的长期客户，供应商给这家员工餐厅的菜品价格比正常批发价还低。当地市场上再也找不到第二家这样成规模，价格还如此低的供应商了。

这看起来似乎是个无解的问题。

1. 食材供应商不能随意更换，因为更换成本很高。

2. 这家公司不能插手外部供应商的内部管理。

3. 食材价格低，看起来这种质量问题似乎又在一定程度上"情有可原"。

如果只从外部归因的角度看，这个问题确实无解。但从内部归因的角度，却可以找到解决问题的突破口。

从公司对外部供应商的甄选环节入手，可以查找和分析3个方面的问题。

1. 员工餐厅有甄选合格供应商的具体明确标准码？

2. 如果有具体明确的标准，这个甄选供应商的标准有效吗？

3. 如果有标准且有效，员工餐厅是按照标准甄选的供应商吗？

从公司对外部供应商的监管环节入手，按照同样的原理，也可以查找和分析3个方面的问题。

1. 公司有供应商日常供货的具体明确的监管标准吗？

2. 如果有具体明确的标准，公司的监管标准有效吗？

3. 如果有标准且有效，公司有按照监管标准执行吗？

当我们改变不了外界时，至少可以改变我们自己。从内部找原因，不断找自身的问题，能够让那些原本看似无法解决的问题也有解决方案。

结语　活成自己希望的样子

有人想创业成功；有人想成为技术能手；有人想成为企业高管……很少有人天生就希望自己平庸地过一生，然而多数人在实现目标的过程中犹豫了、放弃了、懈怠了，走着走着，竟忘了自己当初为什么出发。

就像筷子兄弟的歌曲《老男孩》中的一句歌词："当初的愿望实现了吗？事到如今只好祭奠吗？任岁月风干理想再也找不回真的我。"

很多人在迷失方向后，通过心理的"悦纳机制"，在某一刻选择忘记梦想，接受自己的懒惰，开始觉得"随大流"也没什么不好，成了自己曾经最不想成为的那类人。但对曾经怀揣过梦想的人来说，其实内心深处并不愿意承认、也不愿意接受自己的现状。我们不满于现状，总想更好一些，可是我们又为此做了什么呢？

很多人平时的行为对实现目标没有任何帮助。例如，有的学生想考上好大学，却每天在玩游戏；有的职场人想升职加薪，却每天回家后只顾着刷电视剧。

许多人只是有梦想，却不愿为这个梦想付出或不知道该怎么付出。最终梦想成了泡影，然后给自己找个心理上可接受的理由，午夜梦回时，时不时觉得哪里不对劲，却最终这样纠结着度过一生。

除了一个纯粹的梦想、一个美好的愿望、一个期待的目标外，我们还要躬下身子，踏踏实实地行动。